AF303590

Edelgard Lessing

Die Frauen der Grubers

Von Vertreibung aus dem Salzburger Land, Flucht aus
Ostpreußen, Heimatsuche und Selbstbehauptung

Das Cover zeigt ein Foto von Klara Gruber, geborene Massalsky –
meine geliebte Großmutter – mit ihrer Tochter Ilse, genannt Ilschen.

Bibliografische Information der Deutschen Nationalbibliothek:
Die Deutsche Nationalbibliothek verzeichnet diese Publikation in der
Deutschen Nationalbibliografie; detaillierte bibliografische Daten
sind im Internet über http://dnb.dnb.de abrufbar.

© 2024 Edelgard Lessing
Buchmentorin, Lektorat, Korrektorat: Alexandra Brosowski
Covergestaltung: Michael Ermel
Korrektorat: Gisela Rinck

Herstellung und Verlag: BoD – Books on Demand, Norderstedt

ISBN: 978-3-7597-3136-4

Ich widme dieses Buch
allen Vertriebenen und Menschen,
die ihre Heimat verlassen mussten.

OSTPREUSSEN
OSTSEE
MEMELLAND
Nimmersatt
Memel
Kurische Nehrung
Heydekrug
Nidden
Kurisches Haff
Ruß
Rossitten
Gilge
Pogegen
Heinrichswalde
Tilsit
Ragnit
Memel
Arge
Scheschuppe
Kranz
Schirwindt
Palmnicken
Rudau
SAMLAND
Labiau
Schloßberg
Inster
Medenau
Neuhausen
Fischhausen
Deime
Judttten
Königsberg
Pregel
Pissa
Ebenrode
Pillau
Ludwigswalde
Wehlau
Insterburg
Tilsit
NATANGEN
Brandenburg
Gumbinnen
Balga
Frisches Haff
Thrau
Allenburg
Darkehmen
Kreuzburg
Domnau
Friedland
Heiligenbeil
Zinten
Pr. Eylau
Gerdauen
Oliva
Braunsberg
Nordenburg
Goldap
Danzig
Frauenb.
Schalmey
Landsberg
Schippenbeil
Angerapp
Goldap
Tolkemit
Mehlsack
ERMLAND
Bartenstein
Dönhofstädt
Barten
Angerburg
Danziger Bucht
Frische Nehrung
Domnau
Korschen
Steinort
DANZIG
Mühlns.
Warmditt
Springborn
Rastenburg
Lötzen
Treuburg
Neuteich
Elbing
Schlobitten
Heilsberg
Bischofstein
Nogat
Elbing
Krossen
Pr. Holland
Passarge
Roßel
Heiligelinde
Marienburg
Liebstadt
Seeburg
Rhein
Stuhm
OBERLAND
Oberl.-Kanal
Mohrungen
Bischofsburg
Seehesten
Sensburg
Lyck
Christburg
Saalfeld
Seeburg
Wartenburg
Nikolaiken
Arys
Riesenburg
Finkenstein
Liebemühl
MASUREN
Marienwerder
Rosenberg
Osterode
Allenstein
Johannisburg
Garnsee
Passenheim
Gehlenburg
Weichsel
Freystadt
Neudeck
Hohenstein
M
Ortelsburg
Bischofswerder
Lahna
Willenberg
Kulm
Gilgenburg
Neidenburg
Gulau
0 10 20 30 40 50
Kilometer

INHALTSVERZEICHNIS

1.   Prolog

2. Die Frauen der Grubers

3. Epilog
4. So spricht Ostpreußen
5. Literaturverzeichnis

Prolog

Hildegard Gruber stirbt. Sie stirbt am Heiligabend.
Der Pastor hat gerade mit seiner Predigt begonnen, als Hilde den Kopf zurückwirft und aufgibt. »Tante Hilde, was ist mit Dir?«, schreie ich laut. Die kleine Andacht im Altenheim in Neumünster endet abrupt. Totenstille. Langsam setzt leises Murmeln ein. »Das ist die Frau Gruber.« Vier Menschen tragen die Sterbende aus dem Raum. Ich stolpere nebenher. Manfred, mein Mann, folgt. Hildegard Gruber wird im nächstbesten Zimmer auf ein Bett gelegt, der Notruf aktiviert. Nach wenigen Minuten ist der Rettungsdienst da. »Sollen wir versuchen, sie wieder zurückzuholen?« »Nein«, sagt die Heimleiterin, »ihre Seele ist schon gegangen.« Was hätte ich geantwortet? Ich denke lange darüber nach, froh, dass mir die Verantwortung abgenommen wurde. Hildegard Gruber, meine Tante, ist tot.
Ich habe von ihr einen Schatz geerbt. In einem großen Karton finden sich alte und sehr alte Dokumente, Geburtsurkunden, Heiratsurkunden, Familienbücher, Briefe, die im 2. Weltkrieg aus der Kriegsgefangenschaft und in die Kriegsgefangenschaft geschrieben wurden, viele Fotos und vor allem den Stammbaum der Familie. Der Stammbaum beginnt vor 1600 mit Johann Grueber/Gruber. Er kauft 1628 das Katzlmoos-Gut in St. Johann im Salzburger Land. Im Jahr 1645 verkauft sein Sohn das Gut und erwirbt auf der Sonnenseite des Tals. Gut Pichl am Rettenstein. Jakob Gruber bekommt

von drei Frauen zwölf Kinder. Einer der Söhne, Thomas Gruber, verdingt sich als Knecht auf Gut Klinglberg.

Hier beginnt meine Geschichte der Frauen der Grubers. Die lange Geschichte der Frauen, die alle einen Gruber-Mann heirateten, soll erzählt werden. Wie haben Gertraudis, Maria, Anna-Maria, Katharina, Caroline, Karoline, Klara, Hildegard, Erna gelebt? Wie sah das Leben der Frauen in den 350 Jahren europäischer Geschichte aus? Wie haben sie sich behauptet? Welche Möglichkeiten hatten sie, die Bäuerin, die Gebärenden, die Ehefrauen, die Mütter, die Geschäftsfrau, die Schneidermeisterin, die Familienfrauen, die Hausfrauen? Meine Geschichte und die Geschichte von Jette, meiner Nichte, werden den Abschluss bilden. Meine Geschichte, die Krieg, Nachkriegszeit, Wirtschaftswunder, Kindheit, Jugend, Schule, Studium, zwei Heiraten, Kinder und Alter beinhalten. Die Geschichte von Jette, die 1965 geboren wird, ist die erste, die ein Universitätsstudium absolvieren kann und Juristin wird. Voran gehen die Frauen, die alle einen Gruber-Mann heirateten. Die geschilderten Kapitel vom Leben dieser Frauen stützen sich auf geschichtliche Ereignisse und auf Recherche, aber sie sind auch in meinem Kopf entstanden. Erfundenes und Erlebtes sind miteinander verwoben. Ich freute mich sehr, als meine Nichte, die Tochter meines Bruders, zustimmte, in meinem Buch ihr bisheriges Leben zu erzählen.

Gertraudis Stainerin zu Egg (1672 - 1732)

Gertraudis weint.

Tränen laufen lautlos über die Wangen den Hals hinab. Sie ist erschöpft, müde, verzweifelt. Fragen drängen an die Oberfläche. Wo ist er jetzt der Herr Jesus Christus, der gnädige Gott? Warum hat er zugelassen, dass sie ihren Hof verlassen musste, im Siechenhäusl landete? Warum wurden die Lutheraner im Winter über die Berge getrieben? Warum mussten so viele sterben? Kinder und Alte traf es am meisten. Warum ist sie jetzt in diesem öden, flachen Land? Wo sind ihre Berge, wo das Gut in St. Veit? Gertraudis will in die Heimat, zurück in ihr Salzburger Land. Gedanken gleiten nach St. Veit. Sie landen auf dem Hof Klinglberg. Sie geht die Alm hinauf. Das Gras ist weich. Almrosen und Enzian blühen. Sie achtet darauf, sie nicht zu zertreten. Bald hört sie die Glocken, die die Kühe um den Hals tragen. Sie dienen dazu, dass man die kleine Herde wiederfindet. Manchmal verläuft sich eine Kuh. Durch die Glocke wird sie meist lebend entdeckt. Außerdem schrecken die Glocken Wölfe und Bären ab. Da kann auch der stolze Stier nicht helfen. Auf ihn muss sie achten. Manchmal rastet er aus, dann wird es gefährlich. Die Glocken waren eine kostspielige Anschaffung. Aber es hat sich gelohnt. Es erleichtert die Arbeit auf der Alm. Sie denkt an den kräftigen Hahn mit seinem feuerroten Kamm. Von seinem lauten Krähen wurde sie manchmal wach. Stolz achtete er auf seine zahlreichen Hühner und bestieg jede Einzelne regelmäßig. Das kleine Brechlbad fällt ihr ein. Dort wurde nicht nur der Hanf getrocknet, da wurde auch geschwitzt. Danach fühlte sie sich sauber und wohl. Das war ein arbeitsreiches, aber gutes Leben auf dem Hof. Was wohl aus den Knechten und Mägden geworden ist? Ob der Pächter sie übernommen hat? Wohl kaum. Alle waren Anhänger des lutherischen Glaubens. Sie wurden wohl auch vertrieben. Sie atmet schwer, die Tränen laufen weiter.

Sie weiß, dass es viele gibt, die zurück möchten. Sie wollen das Geld und die vom König überlassenen großzügigen Gaben zum Aufbau und zur Bestellung des Landes mitnehmen. Sie werden ihrem lutherischen Glauben abschwören. Der König, Friedrich Wilhelm der Erste, hat das bei hohen Strafen verboten.
Für Gertraudis gibt es kein Zurück. Gertraudis wird sterben. Sie liegt auf einem Krankenlager in Pillkallen in Ostpreußen. Stöhnen, Ächzen und Gestank erfüllen den Raum. Ihr Mann Jakob und ihr Sohn Thomas besiedeln und bebauen das ihnen zugewiesene Land. Wertimlauken heißt der Flecken. Manchmal schauen sie nach ihr. Gertraudis stirbt im Sommer 1733. Ihr Krankenlager hat sie nicht mehr verlassen. Auf einem Feld in Wertimlauken wird ein kleiner Friedhof eingerichtet. Dort wird sie begraben.

*****

Im Winter des Jahres 1731 in St. Veit im Pongau

Gertraudis wird plötzlich wach. Aufgeschreckt hört sie auf das Gepolter vor der Kammer, schwere Stiefel dröhnen auf Holzdielen, Frauen kreischen, Männer fluchen. Sie teilt ihre Kammer mit anderen Frauen. Auch diese fahren erschreckt hoch, reiben sich die Augen. Die Tür zur Kammer wird aufgerissen. »Alle, die den falschen Glauben haben aufstehen, anziehen«, brüllt eine Stimme. Fremde Männer starren sie an. Gertraudis weiß plötzlich: Die Vertreibung der Glaubensgenossen wird durchgeführt. Ihr Mann Thomas Gruber ist schon auf dem Weg.

Hastig zieht sie Kleider übereinander, klaubt ihren Rucksack unter der Liege hervor. Sie ahnt, was sie alle erwartet. Draußen ist es dunkel und eiskalt. Schneeflocken rieseln leise, Menschen weinen, schreien. Die Schergen treiben sie erbarmungslos voran.

***

Gertraudis wird am 19. Februar 1672 als Tochter eines Mautmüllers geboren. Sie ist das jüngste Kind. Die einzige Tochter. Die Lohnmühle gehört dem Grundherrn, dem Bischof von Salzburg. Die Familie ist katholisch.

»Wes Brot ich ess´, des Lied ich sing.«

Oder: »Cuius regio – eius religio.«

»Wer herrscht, bestimmt den Glauben.«

Das hat der Vater ihr gesagt.

Gertraudis wird in der Familie Traudl genannt. Traudl, das einzige Madl in der Familie. Alle, Vater, Mutter und die Brüder freuen sich. Sie wird geliebt und von den Brüdern auch manchmal ein bisschen gehänselt. Sie darf die Schule in St. Johann besuchen. Sie lernt schnell lesen und schreiben. Die Eltern fördern sie. Sie soll einmal einen »guten Mann« , einen Bauern, heiraten.

Gertraudis weiß, dass ein Schulbesuch nicht selbstverständlich ist. In der Schule liest sie in der Luther-Bibel. Das ist streng verboten. Einer der Jungen leiht sie ihr manchmal. Was sie liest, gefällt ihr. In den katholischen Gottesdiensten versteht sie kein Wort. Der Priester liest mit leiernder Stimme aus der lateinischen Bibel vor. Stundenlang muss man stehen und sich langweilen. Sie hat gehört, dass die Lutheraner ganz andere Gottesdienste feiern. Da soll es fröhlich zugehen. Warum sollen Menschen die Bibel nicht verstehen? Gertraudis möchte lieber zu den Lutheranern gehen.

Traudl hat rote Haare und Sommersprossen. Sie sieht anders aus. Leuchtet hervor. Von der Mutter hat sie gehört, dass es immer noch Hexenverbrennungen gibt. Das trifft besonders Frauen, die Heilkräfte besitzen oder sich von anderen Menschen unterscheiden. »Rote Haare Sommersprossen, sind des Teufels Volksgenossen.« Manchmal fühlt sie sich ganz klein, hat Angst. Wenn der Vater mit den Bauern spricht, deren Korn gemahlen wird, hört Gertraudis manchmal heimlich zu.

So gibt es einen regelmäßigen Austausch von Neuigkeiten. Sämer, also Händler, die über die Tauernpässe gehen und mit Wein oder Branntwein handeln, Pilger, Priester und fahrendes Volk kommen und gehen. So verbreiten sich Neuigkeiten schnell. Wenn Priester auftauchen, sind alle auf der Hut. Sie sind oft Späher des Bischofs. Sie stellen Fragen nach diesem und jenem. Sie suchen nach Luther-Bibeln. Gertraudis Angst nimmt dann zu. Viele Menschen in St. Johann und St. Veit hängen dem lutherischen Glauben an. Vater erzählt, dass diese Menschen sich regelmäßig Treffen und sich in ihrem Glauben bestärken. Der Ort wird geheim gehalten.

Das Mädchen erhält neben der Schule bei der Mutter eine gute Ausbildung. Sie lernt gärtnern, die beiden Kühe melken, Butter machen, backen, kochen und vieles andere mehr. Als sie 14 Jahre alt ist, fühlt sie zwischen ihren Beinen eine klebrige Feuchtigkeit. Was ist das? Sie greift sich zwischen die Beine. An ihrer Hand klebt eine bräunliche Masse. Ist sie krank? Sie läuft zur Mutter und zeigt auf ihre Hand. Was ist das? Die Mutter reagiert merkwürdig. Sie schaut verlegen zu Boden. Aber dann erklärt sie dem erschrockenen Mädchen, dass das eine Blutung ist, die sie nun jeden Monat haben wird. Die bräunliche Masse wird bald zu rotem Blut werden. Damit hat uns der »Herr« geschlagen. Das Blut soll giftig sein. Manche Frauen sagen auch, dass sich unser Körper dann von bösen Kräften reinigt. Sie reicht ihrer Tochter ein aus kleinen Leinenstücken zusammengenähtes Band und erklärt: »In die Mitte dieses Bandes legst Du ein gepresstes Bündel aus Heu. Du legst das Band zwischen Deine Beine und steckst es vorne und hinten in Deinen Rock. Das Heu kannst Du, wenn es zu feucht geworden ist, auswechseln. Das Ganze dauert vier oder fünf Tage. Manchmal wirst Du auch Schmerzen haben. Aber das ist nicht schlimm. Ach ja, wenn Du schwanger bist, wird der Blutfluss ausbleiben.«

Gertraudis hört sich erschrocken die lange Rede der Mutter an. »Haben das nur Frauen?«, fragt sie. »Ja«, antwortet die Mutter kurz. Gertraudis gewöhnt sich an die umständliche, aufwendige Prozedur. Es ist nicht leicht, einen geeigneten Platz für das Anlegen des Bandes zu finden. Im Winter geht sie zu den Kühen. Im Sommer in ein nahes Waldstück.

Bald entwickelt sie sich zu einem feschen, tüchtigen Mädchen. Sie merkt, dass die Buben ihr nachschauen und gerne mit ihr reden. Sie ist 17 Jahre alt, als ein Bauer um sie wirbt. Der Mann hat einen großen Hof. Eine gute Partie. Für Traudl ist er ein alter Mann. Er ist 40 Jahre alt und hat vor einem Jahr seine Frau verloren. Zwei Töchter hat er auch. Gertraudis ist entsetzt. Diesen alten Mann soll sie heiraten. Plötzlich Mutter werden? Der Vater droht. Widerstand lässt er nicht zu. Gertraudis muss heiraten. Der Bauer ist ein Lutheraner, das tröstet sie ein wenig. Die Bauernhochzeit wird auf

Gut Klinglberg in St. Veit gefeiert. Sie dauert drei Tage, drei lange Tage. Gut Klinglberg steht auf der Sonnenseite des Tals. Da gibt es meist gute Ernten und die Kühe geben fleißig Milch.

Nach der Hochzeit rückt der alte Mann ihr auf den Leib. Sie darf nicht schreien. Er hat das Recht dazu. Das hat ihr die Mutter kurz vor der Hochzeit gesagt. Sie hält still. Das passiert nun oft. Langsam gewöhnt sie sich daran. Sie erträgt das Brennen und die Schmerzen geduldig. Sie gehört ja nun schließlich diesem alten Mann mit Haut und Haar. Die beiden Töchter mögen sie. Sie will ihnen eine gute Mutter sein. Sie beiden gehen in die Schule in St. Johann. Zwei hübsche, kluge Mädchen. Sie helfen der neuen Mutter fleißig in Haus und Garten.

Das Gut ist ein lebendiger Betrieb. Es gibt Knechte und Mägde. Gertraudis lernt schnell, die Mägde anzuleiten. Da sie freundlich und klug ist, klappt der Bereich, für den sie nun zuständig ist, bald reibungslos. Die Arbeit macht sie gern, sie erfüllt sie. Sie gewinnt die Achtung ihres Mannes und der Bediensteten. Sie hält am Abend kleine Andachten. Ehrfürchtig hören alle zu. Sie berät auch die Mägde, wie sie sich bei der monatlichen Blutung helfen können. Oft sind die Mädchen noch keine 14 Jahre alt und bekommen den Blutfluss zum ersten Mal. Sie sind froh, eine so kluge Bäuerin zu haben.

Ein Jahr später kündigt sich bei Gertraudis ein Kind an. Der Blutfluss hat plötzlich ausgesetzt. Ihr Bauch rundet sich. Die Arbeit in Haus und Hof fällt ihr zunehmend schwerer. Der dicke Bauch stört beim Bücken. Aber es muss ja weiter gehen. Eines Tages setzen schlimme Schmerzen ein. Eine erfahrene Magd sagt ihr, dass nun bald ihr Kind zur Welt kommen werde. Eine weise Frau, die sich auf Geburten versteht, wird gerufen. Die steht an ihrer Seite und ruft: Drücken, drücken, drücken, pressen. Stehend, stöhnend, schreiend merkt sie, dass sich zwischen ihren Beinen etwas öffnet und herauspresst. Die weise Frau zieht zwischen ihren Beinen ein kleines Kindchen heraus. Es ist ein Mädchen. Gertraudis sinkt erschöpft zu Boden. Der Bauer ist enttäuscht. Er hatte endlich einen Sohn erwartet. Wieder nur eine Tochter. Gertraudis fühlt sich müde und krank. Die Geburt war nicht einfach. Der Kopf des Kindes ist groß. Im Unterleib ist ein Riss entstanden. Es droht eine Entzündung. Die Hebamme legt einen Kräuterlappen auf die Wunde. Zwei Tage nach der Geburt nimmt Gertraudis ihre Arbeit wieder auf. Dank der Mägde kann sie es etwas langsamer angehen lassen. Sie legt jeden Abend einen neuen Kräuterlappen auf die Entzündung. Nach einigen Wochen fühlt sie sich besser. Zwei Jahre später meldet sich ein zweites Kind an. Eine Totgeburt. Jetzt muss Gertraudis einige Tage im Bett bleiben. Sie ist heiß und fiebrig. Eine kluge Magd versorgt sie. Trotzdem ist Gertraudis froh, als sie ihre Arbeit wieder aufnehmen kann.

Der Bauer stirbt ganz unerwartet. Der Stier hat ihn auf die Hörner genommen. Er überlebt die inneren Verletzungen nicht. Helfen kann ihm niemand.

Gertraudis ist Witwe. Sie ist 44 Jahre alt. Viel Trauer empfindet sie nicht. Aber der Hof braucht einen Mann, sonst läuft sie Gefahr, dass er ihr fortgenommen wird. Nach der angemessenen Zeit heiratet sie den Großknecht Thomas Gruber, einen Lutheraner. Endlich ein junger, fescher Mann. Dass er 15 Jahre jünger ist, stört sie nicht. Gertraud will ihren Hof behalten, und sie will den Mann. Von ihm bekommt sie ein Jahr später einen Sohn. Nun hat der Hof doch noch einen Erben. Sie ist 46 Jahre alt.

Thomas schwängert schon bald darauf eine junge Magd. Das Mädchen muss den Hof verlassen. Die junge Frau tut ihr leid. Sie ist nun einem sehr ungewissen Schicksal ausgeliefert. Helfen will Gertraud ihr nicht. Schuld hat das Madl. Warum lässt sie sich vom Bauern schwängern?

Ihr Mann Thomas ist ein Rebell. Er kämpft für die Lutheraner. Er wird zu einem ihrer Anführer. Bauer Thomas geht einmal in der Woche zu den Treffen. Da versammeln sich ungefähr 300 Männer, die sich gegenseitig in ihrem Kampf um den rechten Glauben bestärken. Vierzig von ihnen planen, wie sie in der Zukunft den zu erwartenden Repressionen begegnen können.

Thomas Grubers Vorfahren waren allesamt Bauern. Sein Großvater hat im Jahr 1668 Gut Pichl am Rettenstein gekauft. Sein Vater, als Ältester, hat den Hof geerbt und dreimal geheiratet. Er ist der Sohn der dritten Frau, mit der der Vater noch einmal acht Kinder bekam. Als einer der Jüngsten musste er den Hof bald verlassen. Auf Gut Klinglberg hat er sich vom Knecht zum Großknecht hochgearbeitet. Durch die Heirat ist er jetzt ein tüchtiger Wirt, ein Angesessener.

Im Jahr 1727 kommt Erzbischof Leopold Freiherr von Firmian an die Macht. Er und sein Kanzler Rall sind entschlossen, die Protestanten im Salzburger Land auszurotten. Die beiden wollen um jeden Preis die Glaubenseinheit in ihrem Land wiederherstellen. Die Lage spitzt sich zu. Die führenden 40 Männer der Lutheraner beraten, was sie nun tun können. Thomas gehört dazu. 1731 werden die Männer auf der Hohensalzburg strengen Verhören ausgesetzt. Sie sollen ihrem Glauben entsagen. Von Folterungen, wenig Schlaf und schlechtem Essen geschwächt, müssen die Männer das Land verlassen. Thomas ist auf dem Weg. Wohin wird er führen?
Von den Händlern bekommt Gertraudis manchmal Nachrichten von Thomas übermittelt. Sie ist voller Sorge und Angst. Sie muss den Hof jetzt alleine führen. Katholische Neider dringen darauf, sie zu enteignen. Gertraudis und ihr Sohn verlieren den Hof. Rebellengüter werden eingezogen.

Innerhalb von zwei Tagen haben sie den Hof zu verlassen. Gertraudis irrt durch die Ställe, blickt auf die Wiesen, geht zu den Kühen, die schon im Stall stehen, füttert noch einmal die Hühner. Ihr Pferd Else steht im Stall. Sie lehnt sich an seinen Kopf und weint.

»Wir müssen schnell das Nötigste einpacken«, mahnt der Sohn. »Was sollen wir denn mitnehmen?«, fragt sie. Getrocknetes Gemüse und Kleidung werden in ihre Rucksäcke gepackt.

»Das können sie doch nicht mit uns machen, das ist Unrecht«, klagt sie.

»Da müssen wir doch kämpfen.«

»Gegen wen?«, fragt der Sohn.

Knechte und Mägde stehen hilflos da. Der Vater und Bauer sitzt gefangen auf der Hohensalzburg. Am nächsten Tag stehen ein Mann und eine Frau mit vier Kindern vor der Tür.

»Wir sind die neuen Pächter!«

Mitleidlos verjagen sie Gertraudis und den Sohn.

»Um ihre Knechte und Mägde kümmern wir uns später«, sagt der Mann herrisch.

Gertraudis wird, weil sie 57 Jahre alt ist, ins Siechenhäusl eingewiesen. Der Sohn begibt sich zu befreundeten Glaubensgenossen. Dort wird er arbeiten, wo immer es nötig tut.

Am 11. 11. 1731 wird in allen Pfleggerichten verlautbart:

»Nicht der Religion halber, sondern wegen Rebellion und Störung des allgemeinen Friedens und Empörung gegen den rechtmäßigen Landesfürst sei die Emigration verfügt worden.«

Was für eine Lüge.

Gertraudis weiß, was auf sie zukommt. Sie hat Nachricht von Thomas. Wohin er gehen wird, weiß er noch nicht. Sie packt die warme Kleidung ein. Sohn Andreas wird das getrocknete Gemüse und geräuchertes Fleisch mitbringen. So haben sie es vereinbart. Sie trifft den Sohn auf dem Markt von St. Johann. Dort hat man die erste Gruppe der »Nichtansässigen« zusammengetrieben. 300 Menschen haben sich dort versammelt. Bald werden sie gnadenlos vorangetrieben. Der Schnee bildet eine dicke Schicht. Es ist sehr kalt. Wie das Vieh behandelt man sie. Bald sind viele entkräftet. Lutheraner, Wirte, (so werden Bauern im Salzburger Land genannt), denen die Vertreibung auch droht, stehen an den Wegrändern, verteilen warmen Kamillentee. Essbares wird geteilt. Ein Reiter voran, bringt sie über die Berge an die Grenzen Tirols und Bayerns. Die Strapazen sind kaum vorstellbar. Es geht unentwegt bergan. Ein Weg ist kaum erkennbar. Absturzgefahr droht. Jeder Schritt muss überlegt sein. Die Vorangehenden haben es am schwersten. Brot und Speck reichen bald nicht mehr. Hunger breitet sich aus. An der ersten Grenze werden sie abgewiesen. Der Salzburger Kanzler Rall, der engste Vertraute von Bischof Firmian, hat verbreiten lassen, dass da Aufsässige unterwegs seien, vor denen man sich hüten müsse. Der Zug muss weiterziehen. Den Besitzlosen wird der Durchzug nicht gestattet. Erst Anfang Dezember werden die bayrische Grenze bei Wagnis und Mitte Dezember die Tiroler Grenze geöffnet. Viele alte Menschen sind zu diesem Zeitpunkt schon völlig entkräftet. Sie sterben und bleiben liegen. Bei Müttern mit Säuglingen lässt der Milchfluss aus der Brust nach. Viele Säuglinge sterben. Gertraudis schreitet noch voran. Der 13-jährige Andreas und sie halten durch.

Am 1. und 2. Februar 1732 erlässt Friedrich-Wilhelm I. von Preußen das berühmte Patent zur Aufnahme, der aus dem Salzburger Land emigrierenden Menschen. Er verspricht günstige Möglichkeiten für einen Neuanfang. Das breitet sich wie ein Lauffeuer bei den »Unangesessenen« und Wirten aus, die zwischenzeitlich auch vertrieben wurden oder noch im Pongau ausharren. Gestärkt durch ihren Glauben und die Hoffnung, die aufblüht, setzen sie die Wanderung quer durch die deutschen Lande fort.

Die Wanderung dauert einige Wochen. Aber sie werden meist freundlich empfangen, bewirtet und dürfen in Räumen, häufig Kirchen, übernachten, sich ausruhen. Einige verdingen sich unterwegs auch als Knechte und Mägde auf Höfen. Handwerker werden gebraucht und bleiben. Traudl und Sohn Andreas werden mit einem Schiff von Stettin nach Königsberg übergesetzt. Das verlangt vor allem Gertraudis besondere Strapazen ab. Auf den Segelschiffen gibt es wenig Möglichkeiten, sich zu wärmen. Die beiden erreichen mit dem vierten Schiff, unter Aufsicht des Commissari Hermann Preußen, die neue Heimat.

Gertraudis wird zunehmend schwächer. Der kräftige, eisige Wind, beengende Nähe zu den anderen Emigranten, machen ihr zu schaffen. Sie gehören zu den »Unangesessenen«, die vom König im April 1732 empfangen werden. Der Jubel und die Freude sind groß. Auch in Gertraudis wächst die Hoffnung. Sie fühlt sich ein wenig besser.

Der König braucht Menschen, um Ostpreußen wieder zu einem fruchtbaren, ertragreichen Land zu machen. Hungersnöte sind in seinem Preußen immer noch an der Tagesordnung. Die Pest hat in den Jahren 1709 bis 1712 das Land völlig entvölkert. Agnes Miegel schildert das in ihrem Gedicht »Die Frauen von Nidden« sehr eindringlich:

»Und in dem Dorf, aus Kate und Haus,
sieben Frauen schritten heraus.
Sie schritten barfuß und tiefgebückt
in schwarzen Kleidern buntgestickt.

Sie kommen die steile Düne hinan,
Schuh und Strümpfe legten sie an.

Der König braucht Menschen. Trotzdem lässt er die Menschen strengen Glaubensprüfungen und Fragen zur Bibelfestigkeit unterziehen. Gertraudis hat schon als Jugendliche in der Bibel gelesen, jetzt kann sie zeigen, wie überzeugt sie vor allem vom Neuen Testament ist. Der König ist beeindruckt von den Salzburgern. Jeder, ob Frau, Mann oder Kind, bekommt etwas Geld, dass erst einmal das Überleben sichern soll. Er verspricht spontan 1000 Familien aufzunehmen. Im Juni 1732 wird das Angebot auf 10 000 erhöht. Aber das wird auch nicht ausreichen.

Thomas Gruber gehört zu den Ersten, die Königsberg auf dem Landwege erreichen. Er erwartet seine Familie sehnlichst. Er zieht durch die Kirchen und sucht. Endlich findet er sie. Die kleine Familie ist wieder vereint. Einige Monate müssen sie in Königsberg ausharren. Die Besitzverhältnisse der Familie müssen erst geklärt werden. Als klar ist, das Thomas Gruber und Gertraudis Stainerin Wirte in St. Veit auf Gut Klinglberg waren und sie »wahre Evangelische« sind, können sie weiterziehen.

Ostpreußen ist schon dichter besiedelt, als sie erwartet hatten. Der König hatte schon ab 1722 Nassauer, Pfälzer, Litauer und andere aufgenommen. Der Traum von einer Ansiedlung der Salzburger Emigranten möglichst nah beieinander, kann nicht realisiert werden. Trotzdem wird Gumbinnen zum Zentrum der Salzburger. Platz für die Stainer/Grubers ist dort nicht mehr.

Aber wieder ist es der König, der hilft. Im Frühjahr 1733 geht man die Ansiedlung derer, die noch nicht sesshaft geworden sind. Wüstes Land wird gerodet und urbar gemacht. Schließlich bekommen auch Gertraudis Stainerin, Thomas Gruber und Sohn Andreas eine Fläche zugewiesen. Die Fläche liegt auf einem Flecken, der Wertimlauken heißt. Der nächste Nachbar ist sechs Kilometer entfernt. Das kommt Thomas Gruber entgegen. Er braucht Ruhe nach der Vertreibung und den furchtbaren Erlebnissen auf der Hohensalzburg. Der König hat den Wirten mit den größeren Gütern zwei Hufen Ackerland mit dem erforderlichen Inventar, zwei Pferde, zwei Ochsen, einen Pflug, die übrigen Ackergeräte und das nötige Saatkorn zur Verfügung gestellt. Gertraudis ist so geschwächt, dass Mann und Sohn sie stützen müssen. Sie bleibt in Pilkallen, einer Kleinstadt in der Nähe von Wertimlauken, auf einem Krankenlager. Sie hofft, dort wieder gesund zu werden. Vater und Sohn ziehen weiter. In Wertimlauken müssen sie anpacken. Beide sind, trotz der Strapazen der Vertreibung, gesund und zuversichtlich. Sie wissen, dass sie es schaffen werden. Der König hat sie mit dem Nötigsten ausgestattet. Ein Haus und ein Stall müssen errichtet werden. Die Nachbarn helfen einander. Balken und Stroh stehen zur Verfügung. Sie schlafen in einem kleinen Zelt, im Winter bei den Nachbarn. Schnell pflanzen sie Gemüse an und immer wieder helfen Salzburger sich gegenseitig, auch wenn es um die Ernährung geht. Bei gemeinsamen Gottesdiensten am Sonntag besuchen sie Gertraudis. Sie haben einen kleinen Kastenwagen erworben. Eines der Pferde wird angespannt. So erreichen sie die Kleinstadt in einer halben Stunde.

Gertraudis ist schwach und hinfällig. Sie liegt auf einer Krankenstation in Pillkallen. Träume und Gedanken an die verlorene Heimat, an das Gut in St. Veit, quälen sie. Gegen Morgen meint sie, einen Hahn zu hören. Er kräht laut und deutlich. Kühe trampeln im Stall unruhig hin und her. Sie wollen gemolken werden. Sie möchte schnell zum Stall laufen. Mühsam richtet sie sich auf, will in den Stall laufen. Sie fällt stöhnend wieder zurück auf ihre Liege. Fledermäuse scheinen ihr Gesicht zu streifen. Manchmal duftet es nach Heu. Die Heimat scheint so nah. In wachen Momenten überwältigt sie die Wirklichkeit. Sie liegt auf einer stinkenden Liege. Sie kann nicht einmal mehr weinen, die Tränen sind versiegt. Nach einigen Wochen stirbt sie.

Gertraudis ist 61 Jahre alt geworden. In der neuen, ihr fremden Heimat, ist sie nie wirklich angekommen. Ein gutes, ein schweres, ein arbeitsreiches Leben ist zu Ende gegangen. Am Ende schließt sie Frieden mit ihrem Gott. Vater und Sohn begraben sie in der Nähe des neuen Hofes. Zum Trauern bleibt wenig Zeit.

Der König hat inzwischen eine Entschädigung der Wirte, für die in der Heimat verlassenen Höfe durchgesetzt. Sie bekommen eine Entschädigung. Der Betrag entspricht wohl nur 25 Prozent des eigentlichen Wertes, aber er erleichtert den Start. Bischof Firmian muss sich gegen massive Vorwürfe, die aus ganz Europa kommen, wehren. Der beginnende Humanismus und die vielen verwahrlosten, verlassenen Höfe schaden seinem Ruf und seinem Land.

Das neue Land muss für Vater und Sohn erst zur Heimat werden. Gertraudis fehlt.

*****

Maria Leitner (1725 - 1787)

Maria ist sieben Jahre alt, als sie mit ihren Eltern und der Großmutter den Bauernhof in St. Veit im Salzburger Land verlassen muss. Sie hat mit angehört, wie Vater und Mutter stritten. Die Mutter wollte ihrem lutherischen Glauben abschwören und wieder katholisch werden, so wie Bischof Firmian in Salzburg das verlangt. Der Vater hat sich durchgesetzt. Er will seinem Glauben treu bleiben. Es ist ihm noch gelungen, das Gut für 2170 Taler zu verkaufen. Er war Wirt eines größeren Hofs im Tal von St. Veit. Eine kleine Mühle am nahegelegenen Bach gehörte dazu. Ein begehrter Hof. Traurig, verzweifelt, wütend verlässt die Familie ihren Besitz. Die Mutter weint. Sie schreit. Zwei Pferde ziehen den Leiterwagen. Sie gehen mit Sack und Pack. Der Wagen ist voll beladen. Vorne sitzt die Großmutter. Mutter, Vater, die beiden älteren Schwestern und Maria laufen nebenher. Im Treck mit anderen Angesessenen geht es langsam voran.

Die Vertreibung der Wirte mit lutherischem Glauben findet im Frühjahr des Jahres 1732 statt. Die Menschen gehen in geordneten Gruppen. In den Gauen, die sie durchqueren, werden sie meist freundlich und hilfsbereit empfangen. Die Tage im April sind wechselhaft, Kälte, Regen, Sonne auch Graupelschauer geben sich die Hand. Sie müssen meist in Kirchen übernachten. Es ist eiskalt. Wenn es geregnet hat, ist die Kleidung feucht, nass. Husten, Röcheln und Keuchen breiten sich im Laufschritt von Familie zu Familie aus. Die Wochen ziehen sich langsam dahin. Die Großmutter ist am Ende ihrer Kräfte, Sie kann sich kaum noch aufrecht halten. Sie stirbt. Sie war immer ein Mittelpunkt der Familie. Die Eltern vertrauten oft auf ihren Rat und ihrer Erfahrung. Die Trauer ist groß. Die Familie muss eine Pause machen. Der Treck zieht weiter. Großmutter soll ein würdiges Begräbnis haben. Sie wird in geweihter Erde auf dem Friedhof einer Kleinstadt begraben. Durch die Pause verliert Maria ihren Freund Johann. Die beiden sind oft nebeneinander gelaufen und haben ihr Essen geteilt. Der Freund fehlt ihr. Maria wagt es nicht, zu klagen. Der Familie fehlt der Treck. Sie sind nun auf sich gestellt. Alle sind müde. Ohne den Treck wird der Weg unsicherer und die Orientierung schwieriger. Oft ist die ganze Familie traurig, Vater und Mutter streiten. Der Vater spricht dann laut ein Gebet. Die Kinder stimmen mit ein. Die Mutter schweigt.

Trotzdem geht es immer weiter. Manchmal müssen sie Umwege machen, sie haben sich verlaufen. Königsberg rückt nur langsam näher. Mehr Pausen müssen eingeplant werden. Die Familie ist erschöpft. Es ist nicht leicht, genügend Essbares für alle zu besorgen. Auch die Pferde brauchen Futter und Pausen. Oft helfen ein paar Taler. Der Vater hat sie über viele Stellen verteilt. Er will einem großen Diebstahl vorbeugen. Einmal verschwindet ein kleiner Beutel mit Talern. Der Vater brüllt.

Endlich, endlich landen sie in Königsberg. Sie haben die Stadt auf dem Landweg erreicht. Es wird nicht leichter und weniger anstrengend. Nun heißt es, die zuständigen Ämter finden, sich dort anmelden, eine Unterkunft für sich und die Pferde organisieren. Die Ungewissheit ertragen, wann und wo sie in Ostpreußen landen werden. Es folgt eine Einquartierung bei einer anderen lutherischen Familie. Auf dem Bauernhof in St. Veit gab es Weite und größere Räume. Hier ist es eng. Fremdartige Gerüche machen das Atmen schwer. Die Mutter weint viel. Sie schimpft oft auf den Vater, der ihr das zugemutet hat. Fünf Menschen in einem Zimmer. Caroline flieht nach draußen auf die Straße. Es stinkt. Menschen schütten ihre Notdurft in Schüsseln in die Gosse. Nur nicht hineintreten in die vielen Haufen. In der Nähe ist ein Park. Sie flüchtet zwischen die großen Bäume, die dort stehen. So mächtige Bäume kennt sie aus ihrer Heimat nicht. Tränen beginnen wieder zu tropfen. Sie will nach Hause. Aber wenigstens ist es warm. Die Sonne scheint. Sie vermisst den weiten Blick von der Alm auf das Tal. Das üppige Grün der Bäume tröstet. Sie umarmt einen Baum. Die mächtige Eiche kann sie mit ihren Armen nicht umfassen.

Der König hat für die Vertriebenen eine kleine Summe Taler gestiftet. Der Vater sorgt mit dem durch den Verkauf des Hofes erworbenen Geld auch dafür, dass sie nicht hungern müssen. Die Salzburger haben sich in und um Gumbinnen angesiedelt. Sie wollen beieinan-

derbleiben. Dort ist kein Platz mehr. Gerodetes Ödland, Kilometer entfernt, wird ihnen zugewiesen. Maria
hört, dass ein König den Salzburgern sehr geholfen hat,
und auch ihnen hilft. Friedrich-Wilhelm I. heißt er. Ein
König? In Salzburg hat sie nie von einem König gehört,
nur von einem Bischof, dem so viel gehörte.

Der König ist großzügig. Er gibt Pferde, Kühe, Schafe,
Getreide und auch Land. Ein König scheint also besser
zu sein, als ein Bischof. Dieser Friedrich-Wilhelm soll
auch sehr fromm und streng sein. Ein Calvinist? Sie
weiß nicht, was das sein soll. Sie fragt den Vater, aber
der weiß es auch nicht so genau. Viel später lässt sie
sich bei einem Treffen der Salzburger erklären, dass bei
Calvinisten die Sorge für Menschen in Not Vorrang hat
und die guten Gaben der Schöpfung, die ja Bauern erzeugen, freudig und dankbar genutzt werden sollen.
Der König hat von seinem Vater zum 10. Geburtstag
Gut Wusterhausen zur selbständigen Bewirtschaftung
bekommen. Da hat er wohl gelernt, wie ein Hof geführt werden muss, um ertragreich zu sein. Dadurch ist
auch sein besonderes Interesse an der Landwirtschaft
entstanden.

Maria hört erstaunt zu. Einige Salzburger bekommen
bei den Geschichten über diesen König glänzende Augen. Andere beginnen zu schimpfen und versuchen
diese »Lügen« niederzuschreien. Sie wollen wieder in
den Pongau nach St. Veit und St. Johann zurück. Die

guten Gaben des Königs wollen sie mitnehmen. Aber das ist bei Strafe verboten.

Jetzt heißt es jedenfalls anpacken. Vor allem der Vater steht fassungslos vor dem öden Boden. In St. Veit haben sie Viehwirtschaft betrieben. Wo sollen hier die Kühe weiden? Wiesen gibt es noch nicht. Sie werden angewiesen, Getreide anzubauen. Vater weiß, dass dieser jahrelang vernachlässigte Boden kaum Ertrag bringen wird. Die Glaubensgenossen trösten, helfen und geben Hinweise zur Bearbeitung des Bodens. Wohnhaus und Stallgebäude werden errichtet. Erst einmal finden sie Unterkunft bei fünf Kilometern entfernten Salzburgern. Mit den mitgebrachten Talern geht alles leichter und schneller. Die ersten Gänse und Hühner rennen schon geschäftig zwischen den Menschen hin und her. Manche verschwinden spurlos. Maria wird zum Hüten des Geflügels eingeteilt. Auch die Eier muss sie suchen und in ein Körbchen legen. Caroline atmet auf. Frische Luft, wenig Menschen. Ihre Notdurft kann sie im nahen Wäldchen machen. Waschen kann sie sich unter der Pumpe auf dem Hof. Sie reißt die Arme hoch, juchzt laut, fühlt sich frei. Vielleicht wird sie sich ja an die neue Heimat gewöhnen.
Der König hat die Schulpflicht schon 1717 eingeführt. Das führt bei den Salzburgern zu Unmut. »Wir brauchen unsere Kinder zur Arbeit auf dem Hof. Wo sind denn überhaupt die Schulen? Die Schulwege sind viel zu lang. Und die Lehrer? Habt ihr Euch die mal ange-

sehen. Ausgediente Soldaten, die selber kaum lesen und schreiben können. Kennt ihr den Aufruf an unsere Kinder?«

…schön ist der Glocke Klang,
Du hörst ihn gern mein Kind,
Ruft er zur Schule dich,
So geh geschwind, geschwind.

Die Salzburger schimpfen. »Glocke? Hier läutet keine Glocke. Geschwind? Wenn ich mein Pferd vor den Karren spanne und die Kinder fahre, kostet das meine und die Arbeitszeit der Kinder. Wenn die Kinder den Weg zu Fuß gehen, dauert das mindestens eine Stunde.«

Maria und ihre Schwestern sind in St. Johann schon zur Schule gegangen. Sie kann schon lesen und schreiben. Die Eltern finden das wichtig. Aber die sind wohl eine Ausnahme. An Bildung sind viele Salzburger nicht so interessiert. Aber Maria will auch hier in die Schule gehen und sie wird gehen.

Am Abend und am Morgen wird gebetet. Maria freut sich, dass sie manchmal das Gebet sprechen darf. In Gumbinnen gibt es eine Schule. Im Winter 1734 gehen die 11-jährige Schwester und Maria nach Gumbinnen. Wenn Eis und Schnee es zulassen, laufen sie Fuß. Sie brauchen mehr als eine Stunde für den Weg in die kleine Schule. Kinder aller Altersgruppen sitzen in einem Raum. Der Lehrer hat Mühe, den Unterricht zu gestalten. Er scheint selbst nicht richtig lesen zu können.

Es stellt sich heraus, dass ein ausgedienter Soldat die Unterweisung der Kinder übernehmen musste. Bezahlt wird er dafür nicht. Er bekommt ein kleines Deputat von den Bauern. Auch darum muss er manchmal betteln. Lust hat er auch nicht. Die älteren Kinder, die das Lesen und Schreiben schon gelernt haben, springen ein. Maria kann gut rechnen. Der Vater hat sich einen Spaß daraus gemacht, seine Kinder mit kleinen Aufgaben zu überraschen. »7 x 6 ist?« »42«, kommt es dann prompt von seinen Töchtern. Maria will immer die Schnellste sein. So übernimmt sie in einem Vorraum das Rechnen für die älteren Kinder. Maria freut sich, dass sie den anderen Kindern helfen kann. Ein wenig ist sie auch stolz auf sich.

Die beiden älteren Schwestern heiraten, als sie 18 und 20 Jahre alt sind. Maria muss noch warten. Sie ist der Mutter unverzichtbar. Sie packt in Küche, im Garten, beim Vieh, und bei der Ernte an. Maria kommt langsam in der neuen Heimat an. Sie erfreut sich an den weißen und blauen Tauben, die unter dem Dach aus- und einfliegen. Schwalben bauen ihre Nester aus kleinen Lehmklumpen, die sie aneinanderfügen. Bald schauen kleine gelbe Schnäbel über den Rand. Die Schwalbeneltern fliegen hin und her und besorgen Futter. Sie sieht gerne zu, wenn das Volk der Hühner auf dem Misthaufen fleißig kratzt und der Hahn stolz mit knallrotem Kamm und aufgeplusterten Federn auf seine Hühner blickt und laut kräht. Inzwischen fühlt sie wohl auf dem Bauernhof. Sie arbeitet hart. Am Abend schmerzt der Rücken. Am Morgen heißt es um 4 Uhr aufstehen. Die Kühe müssen gemolken werden.

Verwirrt hört Maria auf das Sprachengemisch in Pillkallen, wo die Kirche steht. Viele Menschen versteht sie nicht. Sie sprechen ganz andere Sprachen. Der Vater erklärt ihr, dass vor Jahren die Pest Ostpreußen entvölkert habe. Der König hat dann viele Menschen aus anderen deutschen Landen und auch aus Frankreich eingeladen, sich hier anzusiedeln. Litauer haben schon lange das Land bevölkert. Sie betrachten die Neuansiedler mit Misstrauen. Die Familie geht am Sonntag regelmäßig in die Kirche. Nach dem Gottesdienst gibt es einen regen Austausch. Die Salzburger halten zusammen. Sie tragen stolz ihre üppige Tracht. Maria ist tüchtig, fleißig, sie glaubt an den »guten Gott« und hofft, dass Jesus Christus sie beschützen wird.

Sie ist 22 Jahre alt, als der Wirt Andreas Gruber immer wieder das Gespräch mit ihr sucht. Der Mann ist sieben Jahre älter als Maria. Es gibt nur eine Magd auf seinem Hof. Er braucht dringend eine Frau. Dann geht es schnell. Maria gefällt der Mann. Nach der Ernte wird geheiratet. Sie bringt eine gute Mitgift mit. Vor allem aber kennt sie sich bald in allen Bereichen des Hofes aus. Schließlich hat sie das auf dem Hof des Vaters gelernt. Eine gute, eine glückliche Verbindung.

Andreas und Maria.

Der Hof ist ertragreich. Sie können Land hinzukaufen. Drei Töchter werden geboren. Wo bleibt der Erbe? Andreas wird ungeduldig. Endlich! Im Jahr 1765, Maria ist 40 Jahre alt, kommt »Andreas der Jüngere« auf die Welt. Vier Frauen erziehen, verziehen den Jungen. Der Vater spricht hin und wieder ein Machtwort, aber er ist in der Minderheit. Der Vater stirbt 1771. Andreas ist gerade sechs Jahre alt.

Jetzt ist Maria der »Mann im Haus«. Sie übernimmt die Verantwortung. Als die älteren Töchter heiraten, stellt sie eine Magd und zwei Knechte ein. Andreas bekommt nach und nach immer mehr Verantwortung übertragen. Natürlich geht er auch in die Schule.

Maria kämpft gegen alle Widerstände, die einer Frau, die einen Hof allein führt, entgegengebracht werden. Sie will nicht noch einmal heiraten. Dann würde der Hof womöglich an den neuen Mann übergehen. Frauen haben wenig, wenn überhaupt, Rechte. Gerüchte und Neid versucht sie zu überhören. Oft ist das schwer. Dieses ewige Tuscheln über sie. »Sie wird wohl von einem der Knechte beschlafen«. Heimlich weint sie dann in ihrer Kammer.

Andreas aber genügt die Verantwortung nicht, er schaut begehrlich auf die Mädchen. Die junge Küchenmagd ist 16 Jahre alt und niedlich. Er stellt ihr nach. Im Stall, in der Scheune beginnt er sie zu begrapschen. Das junge Mädchen macht sich Hoffnungen. Schließlich ist er ja der »junge Herr«. Sie gibt nach. Sie wird schwanger. Sie vertraut sich Maria an. Sie vom Hof jagen? Maria hat schlaflose Nächte. Sie einfach fortjagen, sie beschimpfen und eine Schlampe nennen, sie einem sehr ungewissen Schicksal überlassen? Maria kennt ihren Sohn. Sie kann das nicht, aber heiraten soll der Sohn sie auch nicht. »Das geht nun wirklich nicht, dass ein Salzburger Bauer eine litauische Magd heiratet. Auch wenn sie tüchtig und hübsch ist.«

Maria sucht nach einer Lösung. Der Melker auf Vaters Hof sucht doch eine Frau. Sie spricht mit dem Vater. Schnell wird eine Heirat organisiert.

Maria Leitner stirbt 1787. Sie ist 62 Jahre alt, erschöpft und müde. Eine der letzten vertriebenen Salzburgerinnen ist tot. Was für eine Frau! Sie hat den Hof über viele Jahre geleitet. Vier Kinder großgezogen. Drei Kinder sind bald nach der Geburt verstorben. Oft hat sie auch geschwankt zwischen Glauben und nicht mehr glauben können. Aber immer hat der Glaube an einen guten Gott gesiegt. Sie war verantwortungsvoll auch gegenüber Schwachen.

Sohn Andreas ist gerade 19 Jahre alt. Er ist jetzt allein verantwortlicher Hofbesitzer. Maria war die Seele des Hauses. Sie fehlt. Sie fehlt als Ratgeberin, als Mutter, sie fehlt auf Hof, Küche und Feld. Sie scheint unersetzlich. Andreas trauert.

Bald aber hält er Ausschau nach einer Frau. Bei einem Treffen der Salzburger lernt er die Familie Kreutzberger kennen. Drei Töchter, hübsch anzusehen, machen

einen Knicks. Im Jahr 1791 heiratet er Maria Kreutzberger. Maria ist 17 Jahre alt, Andreas 20 Jahre.

*****

Drei Schwestern, Andreas Gruber, 19 Kinder

Maria Kreutzberger, Ehefrau von 1786-1795, sechs Kinder
Anna-Maria Kreutzberger, Ehefrau von 1798-1806, fünf Kinder
Katharina Kreutzberger, Ehefrau von 1808-1836, acht Kinder

Maria Kreutzberger, Ehefrau von (1786 - 1795)

Maria ist die älteste der Kreutzberger-Töchter. Vater und Mutter betreiben einen Bauernhof. Schon in jungem Alter müssen die drei Töchter und die fünf Söhne Arbeiten auf dem Hof, im Stall, auf dem Feld und im Haus übernehmen. Maria, die Älteste, muss sehr früh lernen, Verantwortung zu tragen. Sie hat Vorbild zu sein für alle Schwestern, aber auch für die Brüder, die nach ihr folgen. Sie ist diejenige, die bestraft wird, wenn ein Huhn fehlt, wenn eines der jüngeren Geschwister sich verletzt hat, wenn eine Kuh sich verlaufen hat. Maria fühlt sich immer schuldig, wird von Vater und Mutter schuldig gesprochen.
»Maria hat wieder nicht aufgepasst.«
»Wo ist Maria?«
»Wo hast Du bloß Deine Augen und Ohren?«
All das macht Maria traurig und wütend. Als Maria fünfzehn Jahre alt ist, kommt es zu Blutungen zwischen ihren Beinen. Sie hat Angst, fragt sich, was das ist. Die

Mutter kann und will sie nicht fragen. Sie fürchtet, dass die bestimmt wieder nur schimpfen wird.

Nach dem Gottesdienst stehen einige Mädchen in Gruppen abseits der Kirche und flüstern miteinander. Maria gesellt sich zu ihnen. Es geht um Blut, das einmal im Monat zwischen ihren Beinen heraustritt. Es ist giftig, wird behauptet. Sie tauschen sich aus, welche Möglichkeiten es gibt, dass Blut aufzufangen. Unterschiedliche Vorschläge werden gemacht. »Du presst ein Bündel Heu fest zusammen, dann bindest Du Deinen Unterrock zwischen den Beinen zusammen und legst das Heu hinein. Das Ganze dauert meist nur drei oder vier Tage, dann hört es auf zu bluten.« Sie folgt dem Ratschlag der Mädchen. Was für eine kratzige, umständliche Prozedur. Sie hört auch, dass, wenn man schwanger ist, die Blutungen aussetzen. Wenn man dann nach dem ersten Kind bald wieder schwanger wird, braucht man die Blutungen nicht mehr zu fürchten.

Freude und Trost sind ihr, dass in der Familie an den Feierabenden oft gesungen wird. Der Vater hat ihnen an einem Sonntagabend beigebracht, wie man einfache Blockflöten macht. Dazu braucht man Birken- oder Holunderzweige. Ein gerades Stückchen Ast ohne Seitentriebe muss es sein. Dann wird eine Kerbe, wie bei einer Flöte, in das Holz geschnitten. Man klopft mit einem Messer das Holz vom Stamm und zieht dann das innere Holz heraus. Ein Stück Holz wird wieder hereingesteckt. Einfache Töne lassen sich mit einer solchen Flöte leicht erzeugen. Später haben sie zu den jeweiligen Geburtstagen oder zu Weihnachten eine einfache Flöte von einem Flötenmacher bekommen. Damit können sie und die Schwestern bald kleine Melodien spielen. Sie lernen schnell. Mittlerweile begleiten sie die Familie und das Gesinde beim Singen einfacher Lieder.

Maria ist froh, als der Salzburger Wirt Andreas Gruber um sie wirbt. Hier in Ostpreußen heißen die Landwirte Bauer, im Salzburger Land nennt man sie Wirte. Sie ist gerade neunzehn Jahre alt. Nach sechs Monaten heiraten die beiden. Bald merkt Maria, dass es auch nicht leichter für sie werden wird. Wirt Andreas ist strebsam und ehrgeizig. Aber er ist auch ungestüm und fordernd. »Meine Mutter hat das aber ganz anders gemacht«, sagt er oft. Zu oft. Jeden Morgen, kurz bevor beide auf das Feld oder zu den Kühen müssen, besteigt er sie. Sie kennt das vom Bullen auf dem Hof des Vaters. Maria findet das Ganze unangenehm. Oft tut es weh. Sie hält still. Marias Aufgabe ist es nun, hart zu arbeiten, schwanger zu werden und Kinder zu bekommen. Andreas darf sich ihrer bedienen, so oft er es will. Bald bleibt die monatliche Blutung aus. Sie ahnt, dass sie ein Kind bekommen wird. Ihr Bauch beginnt sich zu runden, nach einigen Monaten spürt sie Bewegungen in ihrem Bauch. Sie freut sich auf ihr Kind. Auch Andreas hat gemerkt, dass sie ein Kind bekommt. Aber Schwangerschaft ist keine Krankheit. Alles geht weiter wie bisher. Am Abend vor dem Einschlafen, wenn sie fühlt, dass ihr Kindchen sich bewegt, singt sie leise eins ihrer Lieder. Auch Andreas lauscht dann ein kleines Weilchen. Das sind schöne, ruhige Minuten.

»Schlaf, Kindchen, schlaf …« Ein kleiner Trost.

Ihre Schwester Anna-Maria soll ihr bei der Geburt zur Seite stehen. Andreas verspricht, die Schwester mit seinem Kastenwagen abzuholen. Eine Hebamme hält er nicht für nötig. Die müsste aus Pillkallen hergeholt werden. »Das kostet nur unnötige Taler«, meint er.

Die Geburt erweist sich als schwierig. Am Abend merkt Maria, dass Feuchtigkeit an ihren Beinen entlang läuft. Die Flüssigkeit sickert auf den Boden. Maria weiß, dass der Geburtsprozess eingesetzt hat. Andreas spannt an und holt die Schwester. Maria bereitet das Abendessen vor. Dann setzt die erste Wehe ein. Es ist gegen 19 Uhr abends. Die Schwester ist inzwischen eingetroffen. Maria läuft ziellos umher.

»Tief durchatmen«, sagt die Schwester.

»Vergiss nicht, tief durchzuatmen.«

Um Mitternacht sind die Schmerzen so heftig, dass sie beginnt zu stöhnen und zu schreien. Das weckt Andreas auf. Er reagiert unwillig.

»Ich muss morgen mit der Ernte beginnen«, flucht er. Maria fühlt, dass plötzlich in ihrem Unterleib etwas reißt. Blut läuft die Beine herab. Die Schmerzen sind unerträglich. Anna-Maria, die in der Familie Geburten miterlebt und auch geholfen hat, schreit: »Pressen,

pressen, pressen! Das Köpfchen erscheint«, ruft die Schwester aufgeregt. Maria steht. Sie sieht das Köpfchen nicht. Die Schwester kniet nieder, zieht das Kind langsam aus Marias Körper und fängt es mit beiden Händen auf. Sie staunt. Ein großes kräftiges Kind ist geboren. Besonders der Kopf ist groß. Sie trennt das Kind von der Mutter. Es hängt noch mit so etwas wie einem Stück Darm an Maria. Aufregung breitet sich aus. Eine der Mägde bringt eine Schüssel mit warmem Wasser. Andreas schaut das Kind an. Ein Mädchen. Er verlässt das Haus. Am frühen Morgen kommt er betrunken wieder. Er wirft einen Blick in die Kammer, in der Maria liegt. Schnell verlässt er den Raum wieder. Er verlangt nach seinem Frühstück. Die Schwester bleibt drei Tage. Maria kann sich ein wenig erholen. Die Schmerzen im Unterleib haben nachgelassen.

Die neun Jahre ihrer Ehe werden für Maria zur Hölle. Sie ist meist schwanger. Der Winter des Jahres 1794 zeigt, wie fast alle Winter in Ostpreußen, Temperaturen von Minus 20 Grad. Es ist eiskalt. Eiszapfen, die vom Dach hängen, sind lang und spitz. Vor der Tür türmt sich der Schnee meterhoch. Der Knecht hat Mühe, einen Weg nach außen zu schaufeln. Maria muss die Kühe melken. Ihre Finger bleiben am Eis der Tür hängen, sie kann sie kaum lösen. Aber bei den Kühen im Stall ist es wenigstens warm. Sie presst Finger und Kopf an den Bauch von Kuh Martha. Das tut gut. Sie erholt sich ein wenig, bevor sie mit dem Melken beginnt. Die Milch tröpfelt spärlich. Die Geburt des dritten Kindes steht bevor. Maria merkt plötzlich, dass ihr Wasser an den Beinen entlang ins Stroh läuft. Es wird eine wieder eine schwere Geburt. Sie fällt ins Koma. Hohes Fieber verursacht wirre Träume. Wieder ist die Schwester an ihrer Seite, kühlt ihre Stirn, macht Wadenwickel. Das Kind stirbt drei Tage nach der Geburt. Maria ist traurig. Andreas kümmert es nicht. Da wäre noch ein Balg, wieder eine Tochter, durchzufüttern. Die Arbeit auf dem Hof geht weiter. Zeit zum Trauern für Maria? Eine Pause bei der Arbeit gibt es nicht. Der Hof muss weiterlaufen. Alle haben Hunger und warten auf regelmäßiges Essen. In den Monaten Januar und Februar werden die Vorräte knapp. Mehl, getrocknetes Gemüse, Eingemachtes gehen zu Ende. Maria muss sparen. Alle, außer Andreas, bekommen zu wenig zu essen. Die Tarfuffeln, so hießen die Kartoffeln im Salzburger Land, werden bald keimen und werden dann für die neue Pflanzung gebraucht. Ein wenig Trost und Freude für alle bringt das gemeinsame Singen.

»Du meine Seele singe, wohlauf und singe schön ...«

So verläuft Marias Leben zwischen der Arbeit in Küche, Stall, Haus, Gemüsegarten, den Kindern, den Schwangerschaften und einem oft unzufriedenen Mann, der sie in allen Bereichen fordert. »Die Mutter hat alles besser gemacht«, hört Maria im Endlosgesang. In den neun Jahren ihrer Ehe wird Maria acht Kinder bekommen. Bei einer Geburt taucht plötzlich noch ein

Köpfchen auf. Maria bekommt Zwillinge. Zwei Kinder sterben nach der Geburt. Maria ist am Ende ihrer Kräfte. Trotzdem muss alles weiter laufen. Bei der Geburt des achten Kindes setzt plötzlich sehr hohes Fieber ein. Drei Tage später stirbt Maria. Sie wird nur 28 Jahre alt.

Zum Trauern bleibt der Familie keine Zeit. Maria wird auf dem kleinen Friedhof in der Nähe des Hofes begraben. Sie liegt nun neben Gertraudis. Sechs Kinder sind ohne Mutter. Die Kleinsten laufen schreiend und hilflos über Haus und Hof. Andreas bittet die Zweite der Kreutzberger Schwestern um Hilfe. Nach der Beerdigung zieht sie in eine Kammer des Hofes ein.

*****

Anna-Maria Kreutzberger, Ehefrau von 1798 - 1806

An Heirat denkt Andreas nicht. Anna-Maria macht ihre Arbeit. Sie kümmert sich um die Kinder, wirkt in Küche und Haus. Sie melkt die Kühe, füttert die Hühner. Die älteren Kinder ihrer Schwester helfen fleißig mit. Das älteste Mädchen kann schon einfache Mahlzeiten zubereiten und den Stall sauber halten. Die Kinder helfen auch bei der Kartoffelernte, Kartoffeln aufsammeln. Sich bücken, bücken, bücken fällt den Kindern nicht so schwer.

Andreas Vater hat aus dem Salzburger Land Wissen über den Kartoffelanbau mitgebracht. In Ostpreußen kennt man die Kartoffel oder Tartuffel noch nicht. Nur ein paar andere Salzburger Wirte bauen in kleinen Mengen Kartoffeln an. Kartoffeln machen satt. Sie sind nahrhaft und mit Spirgeln, (in Speck gebratener Bauchspeck), gebraten schmecken sie vorzüglich. Noch sind viele Bauern misstrauisch. Kartoffeln liegen unter der Erde, die müssen ausgegraben werden. Oberhalb treiben sie aus mit kleinen grünen Früchten. Die sind giftig. Kartoffeln müssen kühl und dunkel gelagert werden, sonst werden auch sie grün. Die Voraussetzungen für Anbau und Lagerung müssen geschaffen werden. Bauer Andreas hat diese Möglichkeiten. Er hat auch das nötige Wissen. Rund um Wertimlauken gibt es noch freies Ödland. Andreas kauft zehn Hektar dazu, rodet das Land und macht es urbar. Genug Land, um mehr

Tartuffeln anzupflanzen. Er führt die Drei-Felderwirtschaft ein. Im rauen Klima Ostpreußens gedeiht Roggen am besten. Das Sommergetreide im zweiten Jahr bringt weniger Ertrag. Im dritten Jahr darf sich der Boden ausruhen. Die fünf Kühe auf der Weide geben reichlich Milch. Erst wenn der harte Winter einsetzt, kommen sie in den Stall. Die Arbeit nimmt zu. Keine ruhige Minute für Anna-Maria. Auch am Sonntag muss das Vieh versorgt und es muss gekocht werden. Ein wenig Ruhe gibt es bei den Gottesdiensten. Wenn Andreas bemerkt, dass Anna-Maria ihre Blutung hat, beschimpft er sie. »Halte Dich von den Pflanzen fern, die verdorren in Deiner Nähe.« Oder er schreit: »Schau mich nicht so an, mit diesem bösen Blick, Du willst wohl, dass ich krank werde.« Anna-Maria flüchtet in den Stall und weint.

Bauer Andreas redet mit bei den Treffen der Salzburger. Nachts vergnügt er sich mit einer jüngeren Magd. Als diese schwanger wird, muss die den Hof verlassen. Bei den Salzburger Treffen am Sonntag wird schon getuschelt. »Was wird aus Anna-Maria?«

Anna-Maria hätte wissen müssen, worauf sie sich einlässt. Sie hofft, dass er sie heiraten wird. Eine verheiratete Bäuerin zu sein ist besser als eine unbezahlte Magd und Ersatzmutter. Sie arbeitet auf dem Hof ohne Lohn und Anerkennung. Aber sie hat eine Kammer, und Essen ist meist auch da. Nach drei Jahren heiratet er sie endlich. Anna-Maria ist froh. Bei der Hochzeit wird gesungen und getanzt. Die Schwestern und Brüder stimmen Lieder an. Flöten erklingen.

Sie wird bald schwanger. Besonders in den letzten Monaten der Schwangerschaft fällt ihr die viele Arbeit schwer. In der Erntezeit müssen alle mithelfen. Die Frauen sind neben allen anderen Aufgaben für das Aufsammeln der Kartoffeln zuständig. Zwar helfen die Kinder fleißig, aber Nachsammeln tut not. Die Kinder übersehen oft Kartoffeln. Beim Bücken ist der Bauch im Weg. Maria arbeitet verantwortungsvoll und fleißig.

Noch bevor Friedrich der Große die Kartoffel in seinem Land einführt, macht Andreas schon Aufklärungsarbeit. Andreas ist bald Maßstab und Vorbild für den Kartoffelanbau. Der Hof ernährt die Familie. Erst in den letzten Wintermonaten wird das Essen knapp. Viel bleibt nicht übrig, zumal das gekaufte Land bezahlt werden muss. Die Sommer sind kurz und heiß. Sturzbachartiger Gewitterregen zerstört oft einen Teil der Ernte. Dann ist der Ertrag spärlicher. Die Kartoffelernte ist davon weniger betroffen. Aber die Erdfrucht wird immer noch misstrauisch betrachtet.

Auch wenn Maria hochschwanger ist, gibt es keine Ruhepausen. Der Morgen beginn früh um vier Uhr, die fünf Kühe müssen gemolken werden. Im Winter geht es ruhiger zu. Die Winter sind lang und kalt. Eng beieinander sitzen ist nötig. Die Schlafkojen werden nicht geheizt. »Federreißen« füllt freie Zeiten. Es werden festgestopfte Unterbetten, locker gestopfte Oberbetten und mehrere Kissen für jedes Bett aus Gänsefedern hergestellt. Jede Tochter muss als Aussteuer gute Federbetten mitbringen. Bei der Arbeit wird gesungen und es werden Geschichten erzählt, die von Mund zu Mund weitergegeben werden. Anna-Maria ist keine gute Erzählerin. Sie spielt auf ihrer Flöte und fordert zum gemeinsamen Singen auf. Die Hausmagd wird die Geschichten übernehmen. Auch der neun Jahre alte Sohn Carl übt sich schon darin. »Was kannst du eigentlich Anna-Maria?«, fragt Andreas. Er hat sich nicht verändert. Ihr Leben gleicht dem ihrer Schwester.

In ihrer größten Verzweiflung betet sie Psalm 73:

Dennoch bleibe ich stets an Dir,
denn du hältst mich nach deinem Rat
und nimmst mich am Ende mit Ehren an.
Wenn ich nur dich habe,
so frage ich nicht nach Himmel und Erde.
Wenn mir gleich Leib und Seele verschmachtet,
so bist du doch, Gott, allzeit
meines Herzens Trost und mein Teil.

Nach dem Gebet geht es ihr besser. Sie wird ruhiger und kann einschlafen.
Bauer Andreas braucht eine Frau, nicht nur für die Arbeit. Er ist gesund und kräftig. Er braucht eine Frau, die

er regelmäßig besteigen kann. Er weiß, er hat lange gezögert. Anna-Maria ist nicht so tüchtig, wie seine Mutter es war. Ihm hat das unbedingte Verlangen nach ihr gefehlt. Sie hat sich angebiedert. Sie wollte geheiratet werden. Sie gab ihm zu bedenken, dass die Lutherischen schon anfangen, über sie zu reden. Andreas ist den Weg des geringsten Widerstandes gegangen. Nun bekommt auch sie ein Kind nach dem anderen. Wieder ist Andreas unzufrieden. Er wird trinken und die Kinder schlagen, wenn sie nicht fleißig sind. Anna-Maria stirbt an Kindbettfieber. Andreas hat diesmal eine Hebamme geholt. Aber die konnte auch nicht mehr helfen.

Auch Anna-Maria wird nur 28 Jahre alt. Eine ungeliebte, unglückliche Frau. Nur ihr Glaube an den guten Gott half ihr, dieses Leben durchzustehen.

*****

Katharina Kreutzberger, Ehefrau von 1808 - 1836

Die älteren Jungen sind schon aus dem Haus. Sie lernen ein Handwerk. In der Familie gibt es jetzt einen Ziegelbrenner, einen Schmied und zwei Soldaten für den König. Eines der Mädchen hat mit gerade sechzehn Jahren einen Wirt, einen ehemaligen Salzburger, geheiratet. Der Zusammenhalt in den evangelischen Familien ist immer noch groß. Gebete, Gottesdienste, regelmäßige Treffen der Salzburger Familien unterstützen den Zusammenhalt. Die ehemaligen Salzburger helfen einander. Vater Andreas kann auch auf die Hilfe seiner tüchtigen Söhne zählen. So geht es mit dem Hof weiter bergauf. Aber wieder braucht Bauer Andreas eine Frau. Wieder springt jetzt die jüngste der Kreutzberger-Schwestern ein. Katharina ist 22 Jahre alt. Diesmal wird nach dem Trauerjahr sofort geheiratet. Die junge Frau weckt in Andreas noch einmal alle Lebensgeister. Die 21 Jahre jüngere Katharina packt an. Er liebt und schätzt sie. Sie lässt sich gerne besteigen. Sie fühlt dann in sich etwas zucken, ein Wohlgefühl durchströmt ihren Körper. Zufrieden fällt sie danach in einen tiefen Schlaf.

Katharina hat ihre Flöte und ihre Lieder mit auf den Bauernhof gebracht. Am Abend, wenn die Arbeit getan ist, sammelt sie die Kinder und das Gesinde um sich, spielt mit ihrer Flöte. Aus den Gottesdiensten am Sonntag kennen die Kinder schon einige Lieder. Die werden dann gesungen.

In der Advents- und Weihnachtszeit ist mehr Zeit. Die Federn für die Betten werden gerupft und dazu die bekannten Lieder gesungen. Das Lied, das sie oft singen, ist von Martin Luther. Dem Mann, der ihnen ihren Glauben gebracht hat. Es hat fünfzehn Strophen. Wenige können alle. So singen sie am Ende manchmal nur zwei oder drei. Aber auch das ist schön.

Vom Himmel hoch, da komm ich her.
Ich bring euch gute neue Mär,
der guten Mär bring ich so viel,
davon ich singen und sagen will.

Euch ist ein Kindlein heut geboren,
von einer Jungfrau auserkoren,
ein Kindelein so zart und fein,
das soll eu`r Freud und Wonne sein.

Katharina ist gerne Bäuerin. Sie will mehr, einen größeren Hof. Mehr Ertrag. Das 19. Jahrhundert ist angebrochen und bringt Erleichterungen für die Bauern. Der Kastenwagen und zwei Pferde machen es möglich, auf Märkten der nahegelegenen Kleinstädte Pillkallen und Stallupönen Gemüse und Obst zu verkaufen. Das bringt viel Abwechslung. Katharina führt Gespräche mit den Frauen, die bei ihr einkaufen. Sie hat ein eigenes Einkommen. Das bringt ihr auch Wertschätzung von Andreas. Es macht sie unabhängiger und stolz.

Fast nebenbei wird Katharina insgesamt elf Kinder austragen. Acht davon überleben. Die Familie ist groß. Es wohnen in der Regel mindestens zehn Familienmitglieder auf dem Hof. Die müssen versorgt werden. Aber die sind alle an Arbeit gewöhnt, sind fleißig und zuverlässig. So überstehen sie auch die Krisenjahre von 1823-1827, in denen die Bauernbefreiung einen ihrer Höhepunkte erreicht. Der Widerstand der Großgrundbesitzer erschwerte den »freien Bauern«, etwas Eigenes aufzubauen. Bauer Andreas hat durch den Erlass Friedrich-Wilhelm I., der seine Neuansiedler zu freien Bauern machte, und durch eigenen Ankauf von Land keine Schwierigkeiten. Er kann seiner Arbeit ungehindert nachgehen.

Bauer Andreas Gruber stirbt mit 71 Jahren zufrieden mit seinem Leben. Der älteste Sohn hat bereits den Hof übernommen. Im Alter bis zu seinem Tod ist er für seine Kinder ein Vorbild an Schlichtheit, Korrektheit und Pflichterfüllung. Prügel und Jähzorn gehörten wie selbstverständlich dazu. Andreas hilft auch nach Übergabe an den Sohn auf dem Hof, solange seine Kräfte ausreichen.

Katharina trauert. Aber sie wird ihn um vierzehn Jahre überleben. Manchmal drängen sich Gedanken über Andreas auf. War er ein rücksichtsloser, egoistischer Mann? Andreas hat die Schwestern genommen und benutzt. Sie mussten so früh sterben. Aber sie hat Andreas geliebt und er hat die Liebe erwidert. Sie hatten ein gemeinsames gutes Leben.

Die Töchter heiraten früh. Meist einen evangelischen Bauern. Salzburger heiraten Salzburger. Sie halten zusammen. Tragen immer noch stolz ihre Tracht. Ihr Glaube, die Gottesdienste in der Steinkirche in Pillkallen, die 1758 erbaut wurde, Andachten und Treffen, bei denen an die alte Heimat Salzburg erinnert wird, festigen den Zusammenhalt. Weitere Wege können jetzt, dank der Kastenwagen und Kutschen besser überwunden werden. Katharina wird dem Sohn eine große Hilfe sein. Mit 61 Jahren stirbt auch sie nach einem erfüllten Leben, geliebt von ihrer großen Familie.

*****

Caroline Ernsthaler (1826 bis 1900)

Caroline ist das jüngste Mädchen in der Familie.
Sie ist anders, anders als ihre älteren Schwestern. »Caroline, Du benimmst Dich wie ein Bub«, sagt der Vater oft vorwurfsvoll. Die Mutter pflichtet ihm bei. Caroline tobt am liebsten mit den Brüdern über den Hof. Caroline ist eine gute Schülerin. Der Lehrer lobt sie oft. Er empfiehlt den Eltern, sie auf ein Gymnasium zu schicken. »Ein Mädchen? Niemals!«, sagt der Vater. Besonders interessiert sich Caroline für Rechnen und Heimatkunde. Auf Befehl des Vaters schließt sie die Schule mit vierzehn Jahren ab. Das war schon ein großes Zugeständnis des Vaters. Aber sie liest sehr gut aus der Bibel vor. Das ist wichtig für die fromme Familie.

Mit zunehmendem Alter entwickelt sie sich zu einer wertvollen Hilfe für den Hof. Sie packt kräftig an. Kein Getreideballen ist ihr zu schwer. Mühelos wuchtet sie ihn auf den Erntewagen. Gerne flickt sie auch die Kleidung von Eltern und Geschwistern. Wenn die Familie am Abend versammelt ist, stimmt sie ein Lied an, näht trotzdem fleißig weiter. Ihre Gedanken schweifen in die Ferne. Lob vom Vater bekommt sie nicht. Der Vater trinkt zu viel, er wird oft laut, ist jähzornig. Dann ist er unzufrieden, vor allem mit Caroline. Sie lernt, damit umzugehen, sie entzieht sich.
An Sonntagen ist es für die Salzburger selbstverständlich, nach Pilkallen in ihre Kirche zu fahren und an ei-

nem langen Gottesdienst teilzunehmen. Der Pastor, auch ein Salzburger, stimmt oft Lieder an, die von Dankbarkeit und Gnade reden. Er kennt die Unzufriedenheit, die sich bei einigen Bauern breitmacht. Besonders, wenn Ernten durch Platzregen zerstört werden, Hitze im Sommer und Kälte im Winter jedes Maß überschreiten, richtet er seine Predigten und Lieder auf Dankbarkeit aus.

Bis hierher hat mich Gott gebracht,
durch seine große Güte
Bis hierher hat er Tag und Nacht,
bewahrt Herz und Gemüte.
Bis hierher hat er mich geleit´
bis hierher hat er mich erfreut,
bis hierher mir geholfen.

Mit Texten wie diesem erreicht er wenig. Wenn sich die Männer anschließend in einer Kneipe versammeln, um sich auszutauschen, wird es oft laut. Da wird über Missernten auf den einzelnen Höfen, über Abgaben an den König und seine Verwalter, über die Schulpflicht der Kinder geredet und geklagt. Hilfe für einen in Bedrängnis geratenen Hof wird angeboten. Wut über den verlorenen Hof in Salzburg, die Berge, die Rinderherden auf den Almen kocht immer noch hoch. Die Männer streiten und schimpfen.
Frauen tauschen im Raum nebenan Rezepte aus, klagen über die viele Arbeit. Sie plachandern. Der ostpreußi-

sche Dialekt siedelt sich langsam als Gesprächsfetzen in den Gesprächen der Salzburger an. Die Kinder toben oder spielen auf dem Hof.

Caroline würde lieber bei den Männern diskutieren. Aber Frauen haben dort nichts zu suchen. So steht Caroline oft hinter einem Vorhang, der die Räume trennt und hört zu, worüber die Männer reden und streiten. Wenn einer der Männer oder auch der Frauen bemerkt, dass sie lauscht, wird sie verscheucht. Aber sie versucht es immer wieder.

Als das große Palaver über den König und seine Ungerechtigkeiten nicht aufhören will, tritt Caroline ohne lange zu überlegen hinter dem Vorhang hervor. Auch sie beginnt zu schreien. Die Männer verstummen nach und nach. »Ihr seid doch freie Bauern, seid nicht so undankbar«, brüllt sie. »Viele Eurer Familien haben zwei Hufen Land, zwei Pferde, zwei Ochsen, drei Kühe, einen Wagen und einen Pflug erhalten. Eure Familien hatten einen guten Start. Drei Jahre brauchten keine Abgaben gezahlt zu werden. Heute haben viele von Euch gute ertragreiche Höfe. Ihr könnt Euch gegenseitig helfen. Vergesst Ihr das alles? Haben Großeltern und Eltern mit Euch nicht darüber geredet, wie großzügig Euch der König, Friedrich Wilhelm I, empfangen hat?«
Nach einer Schrecksekunde, ein Mädchen wagt es, einzugreifen, hält so etwas wie eine Rede, setzt Stimmen-

gewirr ein. Wenig Zustimmung, vor allem Ablehnung mischen sich zu einem lauten Durcheinander. Caroline verschwindet wieder hinter dem Vorgang. Ihr Kopf ist hochrot, sie glüht.

»So findest Du nie einen Mann«, sagt der Vater auf dem Heimweg. »Ich will auch keinen«, antwortet Caroline trotzig. Trotzdem wirbt ein Bauer um ihre Hand. Er will sie heiraten. Caroline sagt sehr bestimmt: »Nein!, ich will nicht, ich bin noch viel zu jung, ich bin erst 18 Jahre alt.« Die Eltern haben kein Verständnis für diese Tochter. Der Vater tobt. »So eine gute Partie.« Sie solle froh sein, dass überhaupt einer sie heiraten will, so wie sie sich benehme.

Caroline will auf eigenen Füßen stehen. Bäuerin auf einem Hof sein heißt, ein Kind nach dem anderen bekommen und arbeiten, arbeiten, arbeiten. Nur das nicht. Im Elternhaus bleiben? Das will sie auf keinen Fall. Was bleibt also?

An einem Sonntagmorgen besucht Caroline ihre ältere Schwester, die in einem Nachbardorf mit einem Bauern verheiratet ist. Die Schwester ist gerade mit dem vierten Kind hochschwanger. Sie ist Carolines Vertraute. »Ich möchte lieber ein Handwerk lernen, selbständig arbeiten«, sagt Caroline. Es folgt ein langes Gespräch. Eine Frau als Schmied, Stellmacher, Ziegelbrenner, Bierbrauer ist schwer vorstellbar, wahrscheinlich unmöglich.

Eine Möglichkeit sei, das Schneiderhandwerk zu lernen. Die Schwester ermutigt sie. »Wenn Du das wirklich möchtest, versuche es«, sagt sie. »Zu Hause kannst Du Dich ja schon darauf vorbereiten. Versuche doch eine Trachtenjacke zu nähen. Durch Deine Flickarbeit hast Du schon so viel gelernt. Vor dem 21. Lebensjahr wird der Vater Dir nicht erlauben, den Hof ohne eine Heirat zu verlassen. Das wird ein schwerer Kampf werden.«

Caroline fragt den Vater, ob sie Pferd Paula reiten dürfe. Der schaut verwundert, misstrauisch, fragt, wie sie denn reiten wolle. Es gäbe keinen Sattel. Caroline schwingt sich auf den Rücken des Pferdes, je ein Bein baumelt an einer Seite. »Ohne Zügel geht das nicht«, warnt der Vater. Sie bekommt ausgediente Zügel, die gebraucht werden, wenn die Pferde den Kastenwagen ziehen. Die ändert sie sich entsprechend um. Caroline kann so etwas. Sie hat Glück gehabt. Der Vater war gerade in einer guten Stimmung. Caroline kann jetzt am Abend mit dem Pferd öfter zur Schwester reiten. »Sie braucht meine Hilfe«, sagt sie.

Als Caroline 20 Jahre alt ist, informiert sie die Eltern über ihr Vorhaben. »Ich will Schneidermeisterin werden, unabhängig sein.« Der Vater tobt, die Mutter weint. Caroline setzt sich durch. Sie droht damit, sich einfach davonzumachen.

Caroline verdingt sich bei der Schneiderin im nächsten Dorf. Sie will lernen. Sie mag die Salzburger Tracht nicht. Die Tracht ist schwer und ungefällig. Die Röcke sind kurz und reichen nur bis kurz über die Knie. Kinder schreien »Kurzröcke« hinter ihnen her und die Männer schauen begierig auf die im Sommer nackten und braungebrannten Beine. Sie will leichte Röcke, Blusen und Jacken nähen. Schneiderin also. Bei den Bauern soll sie Kleider, Hosen, Westen und Röcke flicken. Salzburger Tracht oder Arbeitskleidung flicken hat sie schon auf dem Hof des Vaters gelernt. Sie kann auch Schürzen und Westen nähen. Sie will mehr, mehr lernen. Bei dieser Schneiderin geht das nicht. Caroline will fort, muss fort. Sie will lernen, schöne Kleidung zu nähen. Die Gutsfrauen und deren Kinder, die tragen so etwas. Königsberg lockt. Sie weiß, dort wird sie finden, was sie sucht. Caroline spart jedes Dittchen. Wieder berät sie sich mit ihrer Schwester. Diese mahnt: »Sei vorsichtig, achte auf Deine Kleidung. Zieh die Salzburger Tracht an und verlängere den Rock, zeig nicht zu viel von dir. Du weißt wieviel Du in der Tracht von Deinen schönen Beinen zeigst, die reicht ja nur bis über die Knie.« Das ist ungewohnt. Aber es wird, es muss gehen.

Im Frühling des Jahres 1847 verlässt Caroline Schilleningken, das kleine Dorf an der Grenze zu Litauen. Sie macht sich auf nach Königsberg. Jeden Tag fünf bis sieben Stunden will sie gehen. Sie hat die Salzburger Tracht mit verlängertem Rock angezogen und einen Rucksack auf dem Rücken. Sie ist der Ansicht, dass die Tracht ihr einen gewissen Schutz bieten wird. Der lange

Rock macht das Wandern etwas schwerer. Er behindert freies Schreiten.

Ihre erste Station ist ihr Bruder Karl. Er hat eine Schmiede in Pillkallen. In seinen Lehr- und Wanderjahren hat er Ostpreußen kennengelernt. Mit ihm will sie ihre Wanderung vorbereiten. Er empfiehlt ihr, die Wege am größten Fluss Ostpreußens, entlang der Pregel, zu benutzen. Da hätte sie ausreichende Orientierung und würde wohl zielsicher Königsberg erreichen. Sorge macht ihm, dass seine Schwester, diese junge Frau, die weite Wanderung allein machen will. Weiß sie, welchen Gefahren sie ausgesetzt sein könnte? Er mahnt und gibt ihr Hinweise, wo sie die lutherischen Glaubensgenossen finden kann. Caroline vertraut ihrer Salzburger Tracht. Die Salzburger gelten aus treue Christen, gute Preußen. Fleiß, Treue und auch Strenge hat sie bei den Eltern erlebt und manches gelernt.

An einem frühen, sonnigen Morgen Ende Mai 1847 macht sich Caroline auf den Weg. Ihr Rucksack ist vollgepackt. Ihr Ziel ist die Stadt Gumbinnen. Die Bäume am Wegesrand leuchten hellgrün, das Gezwitscher der Vögel ist ohrenbetäubend, der Himmel blau. Plötzlich tauchen hinter den Zäunen stämmige, braune Pferde auf. Das müssen Trakehner sein. Caroline entnimmt ihrem Rucksack ein Stück Brot, zerbricht es. Die Pferde kommen näher. Zwei laufen hinter dem Zaun neben ihr her. Sie freut sich. So hat sie ein Stück Begleitung.

Sie passiert Neu-Trakehnen. Freundliche Menschen grüßen und fragen: »Wohin des Wegs Jungfer?« Lange

Gespräche möchte Caroline nicht führen. Sie will weiter. Die Geräusche nehmen zu, sie nähert sich Gumbinnen. Die Kirche ist schon von weitem zu erkennen. In Gumbinnen leben viele ehemalige Salzburger. Sie sucht und findet das Pastorenhaus. Das wird ihre erste Station sein. Sie bekommt eine kleine Kammer, nimmt teil an den Gebeten und der Abendmahlzeit »Achjeche, Marjell, wie willst das nur schaffen?« Der Satz wiederholt sich. »Wie willst das nur schaffen und so allein?« Caroline will es schaffen und weiß, sie wird es schaffen.

Nächstes Ziel ist Insterburg. Auch da leben viele Glaubensgenossen, ehemalige Salzburger, jetzt gute Preußen. Sie klopft beim Bürgermeister an. Bringt ihr Anliegen vor. Kinder laufen kreuz und quer, betrachten sie neugierig. Sie wird begeistert aufgenommen. »Sie müssen ein paar Tage bleiben, es gibt so viel zu flicken.« Berge von Kinderkleidung türmen sich auf einem Haufen. Seufzend schickt sich Caroline in ihr Schicksal. Es drängt sie, weiterzukommen. Der Herr Bürgermeister verspricht, sie mit Pferd und Wagen bis zum Pregelweg zu bringen. Sie bleibt fünf Tage. Der Berg von Flicksachen wird etwas kleiner. Besonders die kleinen Marjells haben viele Wünsche. Erleichtert macht sie sich wieder auf den Weg. Sie weiß, ab jetzt wird es viel schwerer werden. Anlaufstellen hat sie nun nicht mehr. Wird sie Übernachtungsmöglichkeiten, etwas zu essen, und auch Arbeitsstellen finden? Wird der Weg doch gefährlich werden? Sie verscheucht diese Gedanken schnell. Sie will nach Königsberg. Die Pregel ist breit. Segelboote gleiten an ihr vorbei. Am Ufer sitzen Angler und hoffen auf einen guten Fang. Die Pregel ist fischreich. Aale und Neunaugen kommen am häufigsten vor. Oft weicht der Weg von der Pregel ab. Sie durchquert kleine Dörfer. Sie weiß, wenn die Sonne beginnt unterzugehen, muss sie sich auf die Suche nach einer Unterkunft machen.

Das Dörfchen heißt Norkitten. Sie ist aufgeregt. Jetzt muss sie tätig werden. Der Bauernhof, auf den sie zugeht, scheint ein größerer Hof zu sein. Hühner, Gänse, Enten rennen geschäftig hin und her. Ein Mann treibt gerade sechs Kühe auf den Hof in den Stall. Die Euter sind prall und voll. Sie müssen gemolken werden. Eine Frau tritt aus der Tür, sieht Caroline fragend an. »Ich bin auf dem Weg nach Königsberg, um Schneidermeisterin zu werden, und ich suche eine Unterkunft für eine Nacht.« Die Frau, offensichtlich die Bäuerin, zögert nicht lang. »Können sie Kühe melken?«, fragt sie. Die Bauerstochter Caroline zögert. »Ja«, sagt sie dann. Sie bekommt einen Kittel und wird in den Kuhstall geführt. Das fängt ja gut an. Nach dem gemeinsamen Gebet beim anschließenden Abendbrot wird Caroline ausgefragt. Der Bauer, die Bäuerin, sechs Kinder sitzen um den Tisch. Der älteste Sohn ist 14 Jahre alt. Viele Fragen werden gestellt, dann macht sich Staunen breit. »Du bist aber mutig«, sagt der Sohn bewundernd. Nach der Wanderung, dem Melken der Kühe und den vielen

Gesprächen sinkt Caroline erschöpft auf eine Liege in einer winzigen Kammer. Die Bitte der Bäuerin: »Ach bleiben Sie doch ein paar Tage, es gibt so viel zu tun«, begleitet sie in den Schlaf. Fast eine Woche wird sie bleiben. Keine schlechte Zeit, findet sie. Die Familie ist fröhlich, es wird fleißig gearbeitet und viel gelacht. Kochen kann sie auch, die Bäuerin. Am Sonntag gibt es ein gebratenes Hühnchen, hmmm.

Weiter auf dem Weg nach Königsberg. Die Frühjahrsüberschwemmung der Pregel haben Sonne und Wind verweht. Die Wege sind gut begehbar. Sie kommt an einigen Einzelgehöften vorbei, die auf Pfahlrosten stehen. Von Weitem sehen sie aus wie große Tiere. Sie freut sich, wenn sie in der Nähe des Ufers laufen kann. Majestätischen Boote mit ihren Fangnetzen gleiten vorüber. Kähne, die Güter, vor allem Ziegel, nach Königsberg transportieren, schleppen voran. Am Ufer wiegen sich Weiden im Wind. Gelbe Kornfelder, Roggen und Weizen, in denen Kornblumen und Mohn blühen, versprechen reiche Ernte. Auf den Wiesen verstreut der gelbe Löwenzahn gerade seine vielen kleinen Schirme in die Felder. Da mögen die Bauern ihn nicht. Unkraut. Aber er macht die Butter gelb. Maibutter. Störche ziehen Kreise über die Dörfer, Bienen und Hummeln fliegen brummend um ihren Kopf. Stechmücken hinterlassen juckende, rote Pusteln.
Caroline schreitet voran. Schwarzbuntes Vieh liegt auf Wiesen und wiederkäut gemächlich. Eine Pause wäre

jetzt auch gut. Sie packt aus ihrem Rucksack ein Stück Brot aus, Wasser wird sie am nächsten Brunnen trinken.

Ein Bauer auf seinem Kastenwagen nimmt sie mit. Er will nach Wehlau zum Pferdemarkt. Das passt. Da will Caroline auch hin. Eine Frau auf Wanderschaft, er wundert sich. Das machen doch sonst nur Männer oder Frauen, die sich haben schwängern lassen und dann vertrieben wurden. Sie erfährt, dass Wehlau erfüllt ist von Handel und Wandel. In Wehlau mündet die Alle in die Pregel. Es gibt Speicherhäuser, die vom Wohlstand der Stadt Zeugnis geben. Wehlau scheint ein Ort zu sein, in dem es den Menschen gut geht. Sie fahren an einem Gut vorbei. Der Mann erzählt ihr, das sei Gut Genslack. Sie bittet, den Mann anzuhalten, bedankt sich. Sie will ihr Glück hier versuchen. Für ein Gut zu arbeiten, das ist doch ihr Ziel. Ein großes Haus, umgeben von vielen alten, hohen Bäumen, die schon ihr Sommerkleid angelegt haben. Sie prangen in kräftigem Grün. Ein Mann läuft mit einer Karre über den Hof. Ihn wird sie fragen, und ihm ihre Geschichte erzählen. Aber der hat es eilig. Er verweist sie auf eine Tür an der Seite des Gutes. »Frag dort, Fräuleinchen!« Sie hat Glück. Eine Schneiderin wird gebraucht. »Kannst auch Kleidchen für die Kleinen nähen?« Caroline strahlt. »Gerne.« »Na, denn komm man.« Caroline wird drei Wochen auf dem Gut verbringen. Sie merkt, hier gibt es ein »Oben« und ein »Unten«. Der Umgang miteinander ist freundlich, aber oft in Befehlsform. Besonders der Gutsverwalter hält Abstand. Der Gutsherr reitet auf seinem Pferd über die Felder und schaut von oben nach unten. Zufrieden stellt er fest, dass Knechte, Scharwerker und Eigenkätner fleißig arbeiten und ehrfürchtig ihre Mützen ziehen.

An den Sonntagen hat Caroline Zeit, sich Wehlau und den Pferdemarkt anzusehen. Die Mägde und andere bedienstete Frauen wollen gemeinsam die wenigen Kilometer gehen. Bald erreichen sie das alte Stadttor. Einst war der Ort von einer Mauer umgeben, Teile sind noch erhalten. Hier ist ein riesiger Auflauf. Pferde und Menschen drängen sich auf dem Platz. Da wird gehandelt, gefeilscht, geschimpft und gelacht. Den Pferden werden die Mäuler aufgerissen. »Was, für den alten Zossen, willst so viel haben?« Die Marjellchen aber interessiert mehr der Jahrmarkt. Eine Wahrsagerin soll es auch geben. Da wollen einige unbedingt hin. Bei allen sieht die Zukunft rosig aus. Am frühen Abend wird getanzt. Da gibt es aufdringliche Angebote. Caroline hat ein ganz anderes Ziel. Am späten Abend geht es wieder zum Gut. Was für ein Tag! Die Nacht ist erfüllt mit wirren Träumen.

Weiter zum Ziel Königsberg
Wieder laufen Pferde hinter Zäunen ein Stück neben ihr her. Schäfer, umgeben von ihrer Herde, grüßen herüber, der Hütehund bellt. Bäume säumen Alleen. Holunderbüsche wiegen sich im Wind. Ihre weißen

Blütendolden werden sich bald in die blauen Beeren verwandeln, die den sehr gesunden Saft bringen. Fliederbeersuppe mit Mehlklößen, hmmm! Die Früchte der Schlehen sind klein und grün. Ein Handelswägelchen mit diesem und jenem, alles, was man im Haushalt so braucht, rollt ein Weilchen neben ihr her.

Auf dem weiteren Weg gibt es viele kleine Dörfer. Sie findet meist schnell einen Schlafplatz und nahrhaftes Essen. Die Höfe sind oft klein, die Zahl der Kinder groß. Nur die kleinen Kinderchen laufen munter hinter den Hühnern her, ärgern böse zischende Gänse, flüchten dann laut schreiend, patschen durch Pfützen. Für die anderen gibt es Aufgaben, die sie gewissenhaft erfüllen müssen. Hüten der Schafe, Füttern des Geflügels, im Gemüsegarten arbeiten, den Stall ausmisten und, und und. Den Eltern fällt es oft schwer, die Kinder pünktlich und regelmäßig zur Schule zu schicken. Sie werden gebraucht. Auch das Schulgeld ist schwer aufzubringen. Aber es gibt vermehrt Kontrollen. Jungen und Mädchen zeigen Caroline ihre Schiefertafeln und die Griffel, schreiben eifrig ihre Namen auf:
ANDREAS

Caroline macht Station in Koddin und Längenfelde. Auf beiden Höfen bleibt sie ein paar Tage. Nur ein einziges Mal macht sie schlechte Erfahrungen. In Steinbeckellen findet sie auf einem sehr kleinen Hof nur eine Scheune als Schlafplatz. Die Bäuerin ist hochschwanger, der Bauer unfreundlich. Viele noch kleine Kinder wuseln zwischen den Hühnern umher. Hier herrscht Armut. Es stinkt fürchterlich. Mitten in der Nacht wird sie von merkwürdigen Geräuschen wach. Plötzlich wirft sich ein Mann auf sie. Sie beginnt zu schreien und wehrt sich mit Händen und Füßen. Sie tritt dem Mann kräftig zwischen seine Beine. Das hat ihr der Bruder mit auf den Weg gegeben. Er beginnt sich zu krümmen und lässt von ihr ab. Schimpfend und pöbelnd verlässt er die Scheune. Caroline wartet. Es bleibt still. Sie greift nach ihrem Rucksack und flüchtet, so schnell sie kann. Weiter geht ihr Weg nach Königsberg. Glück gehabt!

Sie hat sich entschlossen, den Weg der Alten Pregel zu nehmen. Da soll es ein ganz besonderes Dorf mit einem Gut geben. Es wurde von Rittern des Deutschen Ordens gegründet und benannt. Dorf und Gut heißen Jerusalem. Der Weg ist lang und es ist sehr heiß. Sie ist erschöpft. Dann traut sie ihren Augen nicht. Sie sieht einen Rundbau umgeben von einem Wall. Zinnen und Türme flimmern in der Sonne. Das Ganze sieht aus, als ob es aus der Zeit gefallen wäre. Über Brücke und Tor gelangt sie in den Innenhof. Männer hämmern und zimmern fleißig. Da muss wohl einiges repariert werden. Mägde fegen Ecken des Hofes. Die Sonne findet kaum Platz zwischen den hohen Mauern. Angst und Neugier entwickeln in ihrem Bauch ein merkwürdiges Gemisch. Bleiben oder gehen? Sie bleibt. Mittlerweile sind auch einige der Männer und Frauen auf sie aufmerksam geworden.

»Was suchst denn, Madamchen?«

»Arbeit, Unterkunft und Essen.«

»Na, denn geh man zum Verwalter.«

Der Verwalter zeigt wenig Interesse. Er müsse erst die Frau Baronin fragen. Sie solle draußen warten. Es vergeht Stunde um Stunde. Die Sonne will bald untergehen. Sie klopft noch einmal an die Tür. Der Raum ist leer. Sie beginnt zu weinen. Zweifel drängen hoch. Hat sie sich doch zu viel vorgenommen. Plötzlich erscheint eine Küchenmamsell. »Dann kommen sie mal mit. Erstmal müssen sie was essen.« In einem Nebenraum der Küche blicken sie viele neugierige Augen an. »Nähen kann das Fräuleinchen? Sie will nach Königsberg? Na, hier gibt es auch genug zu tun. Morgen früh will sie die Frau Baronin kennenlernen. Du kannst mit in unserer Kammer schlafen.« Sie darf bleiben. Frau Baronin zeigt ihr am nächsten Vormittag die Skizze eines Kinderkleides. »Nähen sie erstmal das, dann werden wir weitersehen.« Caroline macht sich sofort an die Arbeit. Die Skizze des Kleides bringt sie auf viele neue Ideen. Sie kann gut zeichnen. Sie bittet die Baronin um etwas Papier und einen Stift. Die Baronin erkennt ihr Talent und fördert die junge Frau gern.

Durch Carolines Kopf schweben Kleider wie blaue Wolken am Himmel. Es ist schwer und ungewohnt, die Bilder festzuhalten und zu Papier zu bringen. Auch das will sie lernen. Sie verbringt viele Wochen auf dem Gut. Sie bekommt das Angebot zu bleiben. Die Baronin verspricht, sie auch anderen Gütern zu empfehlen.

Caroline will nach Königsberg. Caroline will mehr lernen. Sie will Schneidermeisterin werden. Sie verspricht auf dem Rückweg wiederzukommen. Nach mehr als drei Monaten erreicht sie Königsberg. Es ist Anfang September. Es ist schon merklich kälter geworden. Sie weiß, in der Regel sind die Sommer kurz und heiß und die Winter lang und kalt. Die Stadt rückt immer näher, sie rückt ihr auf den Leib. Sie erschrickt. Beginnt sich zu fürchten. So viele Häuser, Menschen, Straßen, Kirchen. Wohin soll sie sich wenden? In Pillkallen gab es ein Gemeindehaus. So etwas muss es doch hier auch geben. Als sie den Lärm vieler Menschen hört und es immer mehr nach Fisch stinkt, folgt sie dem Gestank. Sie landet auf einem großen Fischmarkt. Neugierig und staunend schaut sie sich um. Sie sucht Kontakt und fragt nach den Namen der Fische. Sie erfährt, dass im Meer, in den Flüssen, Seen, auf dem Haff sehr verschiedene Fische leben. Einige könne sie hier sehen. Flundern, Zander, Brassen Karauschen, Plötze, Stinte werden ihr von den Fischweibern gezeigt. Die Frauen bewundern die Salzburger Tracht. Caroline erzählt ihre Geschichte. Die Zuhörerschaft ändert sich von Minute zu Minute. Zwischendurch schreien die Frauen die Namen der Fische und verkaufen sie. Fischweiber. Jetzt weiß Caroline, warum der Vater manchmal gesagt hat: »Du stinkst wie ein Fischweib.«

Die Namen, die ihr die Marktfrauen nennen, werden nicht die Namen sein, die sie braucht. Sie braucht eine Meisterin. Mutig betritt sie ein Gemeindehaus, das neben einer Kirche steht. Vorne sitzt ein Mann hinter Glas. Den wird sie fragen. Er antwortet: »Nee, Fräuleinchen, das weiß ich nicht.« Er zeigt auf eine Tür. »Vielleicht weiß Frau Jonischkeit ja Bescheid.« Sie klopft schüchtern an, tritt ein, bringt ihr Anliegen vor. Frau Jonischkeit weiß, wo die nächste Schneiderin ist, weist ihr den Weg.

Aber die Schneiderin braucht niemanden. Sie zeigt ihr den Weg zu einer anderen Frau. Dort ist sie willkommen. Misstrauisch beäugt Caroline die Werkstatt. Ja, da hängt ein Brautkleid. Hier ist sie wohl richtig. Die Schneidermeisterin schließt nach einem langen Gespräch und Nähproben einen Vertrag mit ihr ab. Drei Jahre soll sie hier lernen. Kost und Logis gibt es dafür. Wenn sie dann das Handwerk beherrscht, gibt es ein Zeugnis und sie darf sich Schneidermeisterin nennen. In einer kleinen Kammer bekommt sie ein Bett zugewiesen. Da schlafen auch noch drei andere, die Schneiderin werden wollen. Ist Caroline angekommen?

Wieder ist sie eine gelehrige Schülerin. Nach einigen Monaten darf sie unter Aufsicht anspruchsvollere Röcke schneidern. Die Arbeit macht ihr Freude. Kostbare Stoffe streicheln ihre Hände. Es gibt meist ausreichend zu essen. Kleine Vergnügen sind selten. Caroline hat kein Geld. »Lehrjahre sind keine Herrenjahre«, auch bei den Fräuleinchens nicht. An einem Abend in der Woche darf sie in einen Zeichenkurs gehen. Das Schulgeld bezahlt die Meisterin. Caroline ist zäh und unermüdlich. Bald schafft sie kleine Kunstwerke. Die Kundinnen loben sie. Die Meisterin erklärt nach zweieinhalb Jahren, ihre Ausbildung sei nun abgeschlossen. Sie bekommt ein Dokument. Sie darf sich Schneidermeisterin nennen. Die Frau Meisterin bereitet ein Festessen zum Abschied vor. Es soll Königsberger Klopse geben. Königsberger Klopse? Caroline hat gehört, dass sich das nur reiche Leute leisten können. Aber die Meisterin und ihre Mannschaft haben gerade für eine große Hochzeit das Brautkleid und die Brautjungfernkleider genäht. Ein großer Auftrag.

Zu diesen besonderen Klopsen gehören Zutaten, die aus dem Süden per Schiff über die Ostsee nach Königsberg gelangen. Kapern und Zitrone müssen unbedingt sein. Manchmal werden auch Sardellen gebraucht. Auch das nötige Kalbfleisch ist teuer und muss auf dem Fleischmarkt gekauft werden.

Königsberger Klopse

<u>Für die Hackfleischbällchen (Klopse)</u>

- 1 Brötchen (vom Vortag)
- 1/2 Zwiebel
- 500 gr Kalbshackfleisch
- 2 Eier
- 2 Tl Senf
- Salz und Pfeffer
- Paniermehl
- 3/4 l Gemüse oder Fleischbrühe
- 1 Lorbeerblatt

<u>Für die Kapernsauce</u>

- 40 g Butter
- 1 El Mehl
- 150 g Schlagsahne
- Saft 1/2 Zitrone
- Weißweinessig
- 2 El Zucker
- Salz und Pfeffer
- 2 - 3 El. Kapern (aus dem Glas)
- 1 El. Gehackte Petersilie

Rote Beete und Salzkartoffeln gehören unbedingt dazu.

Königsberger Klopse sind eines der beliebtesten Gerichte in Norddeutschland. Aber heute wird meist gemischtes Hack aus Rind und Schwein verwendet.

Das war ein schöner Abschied. Aber er fällt Caroline nicht leicht. Hier hat sie so viel gelernt. Sie hat sich aus grauem Leinenstoff einen Rock und eine Jacke genäht. Die Salzburger Tracht will sie nun nicht mehr tragen. Ein kleiner Hut ergänzt ihre Aufmachung. Die Meisterin hat ihr zum Abschied eine Unterhose geschenkt. Caroline ist erstaunt. Sie hat bei Anproben zwar manchmal ein Kleidungsstück gesehen, mit dem sie wenig anfangen konnte. Das waren also Unterhosen. »Das tragen viele unserer Kundinnen jetzt.« Die Hose ist aus Leinen und hat einen kleinen Spitzenbesatz. »Sie schützt vor diesem und jenem, auch vor Erkältungen.« Das Ganze klingt etwas geheimnisvoll. Aber Caroline freut sich, die Unterhose ist angenehm.

Caroline bereitet sich auf den Rückweg vor. Der Monat Mai hat gerade begonnen. Sie hofft auf viel Sonnenschein. Auf jeden Fall wird sie wieder Station auf Gut Jerusalem machen. Sie will den Weg am Pregel gehen. Da kennt sie sich aus. Sie weiß, dass sie auf Gut Jerusalem willkommen ist. Sicher gibt es wieder viel zu tun. Die Kinder empfangen sie mit viel Geschrei. So spricht es sich schnell herum, dass die Schneiderin wieder da ist. Caroline geht schnurstracks auf den Gesindetrakt zu. Sie wird herzlich empfangen. Die Baronin empfängt sie am nächsten Tag. Sie hat viele Wünsche. In sechs Wochen soll ein Hausball stattfinden. Die älteste Tochter wird in die Gesellschaft eingeführt. Sie braucht ein passendes Kleid. Stoffe wurden schon aus Königsberg besorgt. Rosa soll das Kleid werden. Natürlich mit Reifrock und Spitzenbesatz. Die Ärmel sollen aus Spitze sein und nicht bis zum Ellenbogen reichen. Caroline braucht dafür vierzehn Tage. Das Kleid wird wunderschön. Aber auch die Baronin möchte nun plötzlich etwas Neues. Durch die vielen Anproben entwickelt sich zwischen der Baronin und Caroline ein wenig Intimität. Caroline erzählt von ihren Plänen. Sie hofft, dass sie ein eigenes Atelier aufmachen kann. Die Baronin klagt über Langeweile, die sie oft überfällt. Sie hat keinen eigenen Aufgabenbereich. Den Haushalt organisiert die Hausdame, die Küche der Meisterkoch. Die Kinder werden vom Kindermädchen betreut. Wenn sie beim Baron klagt, sagt dieser: »Ach Liebes, Du brauchst doch nicht arbeiten, gib auf Dich acht, wir haben genug Personal.«

Caroline freut sich über die schönen Kleider, die ihr gelungen sind und auch über die Gespräche mit der Baronin. Da fühlt sie kein »oben« und »unten«. Eine neue, eine gute Erfahrung.

»Du wirst an dem Hausball teilnehmen«, befiehlt die Baronin plötzlich Caroline. »Ich habe doch gar nichts anzuziehen.« Die Baronin führt Caroline in ihre Kleiderkammer, mustert sie und befindet, dass das blaue Kleid vom letzten Jahr ihr passen müsste. »Ich habe auch kein Korsett«, flüstert Caroline. Auch das Problem wird gelöst. Zwei Mägde ziehen angestrengt an den Schnüren des Korsetts, bis Karoline kaum noch Luft bekommt. »Aufhören«, schreit sie. Aber es passt, das blaue Kleid. Die Krinoline bauscht die Stufen des Rocks. Die Taille ist schmal, der mit Rüschen besetzte Ausschnitt lässt die Schultern frei. Die Ärmel des Kleides sind aus gerüschten Spitzen und kurz. »Ich habe auch keine passenden Schuhe«, sagt Karoline verzweifelt. Die Schuhe werden unter dem Rock verschwinden, trösten die Mägde. Auch da weiß Frau Baronin Rat. Die Schuhe der ältesten Tochter passen.

Der Ball wird für die Familie ein großer Erfolg. Die Kleider finden Bewunderung. Die Tanzkarte der ältesten Tochter ist sehr schnell mit Tanzpartnern gefüllt. Alle wollen mit der schönen jungen Frau tanzen. Der Baron und die Baronin strahlen.
Caroline steht schüchtern am Rand hinter den alten Damen. Die sitzen am Rand auf Stühlen nebeneinander. Sie beugen ihre Köpfe zueinander und tuscheln. Caroline bewundert die vielen schönen Frauen, die wunderbaren Kleider, die schmucken jungen Männer die in schwarzen, grauen oder auch braunen Gehröcken, daherstolzieren. Ihre Hemden reichen bis zum Kinn. Sie wirken wie eingeschnürt. Später erfährt sie,

dass diese Hemden »Vatermörder« genannt werden. Über den Hemden tragen viele reich bestickte Westen. Die wurden wohl von fleißigen Kinder- und Frauenhänden in tagelanger Arbeit für wenig Geld hergestellt. Sie merkt, dass Ärger, so etwas wie Wut, in ihr hochsteigen. Sie unterdrückt diese Gefühle schnell. Die Musik wird plötzlich lauter. Die Herren holen sich ihre Damen. Die Paare stehen sich gegenüber und gleiten dann nebeneinander und hintereinander durch den Raum. Caroline kann, eingezwängt in das Korsett, kaum noch atmen. Der Raum ist erfüllt von vielerlei Düften. Das macht es auch nicht leichter. Viele der Tanzenden wirken steif, aufgebauscht. Männer und Frauen wie eingepackt. Das Korsett und der hohe steife Kragen müssen doch auch ihnen die Luft nehmen. Wie halten Gäste und Gastgeber das nur so viele Stunden aus? Sie will und wird andere, schlichtere Kleider nähen.

Caroline hat bisher nur auf den Dorffesten getanzt. Diese Tänze sind ihr fremd. So fühlt sie sich auch. Hierher gehört sie nicht. Dies ist nicht ihre Welt. Leise schleicht sie sich davon. Zukunftsträume erfüllen die Nacht. Am Morgen weiß sie, dass Abschied angesagt ist. Sie wird auf dem Rückweg wieder den Weg am Pregel nehmen.

Die Baronin reagiert erstaunt, versteht nicht. Sie wirkt verärgert. »Ich habe Dir doch so viel Gutes getan«, sagt sie. »Danke«, sagt Caroline. Dann schweigt sie. Die Baronin wendet sich ab. Drei Tage später bittet die Baronin Caroline zu einem Gespräch. Caroline ist erstaunt. Was will die Baronin noch von ihr. »Ich habe mit dem Herrn Baron gesprochen«, sagt sie. »Was hältst Du davon, wenn wir dir eines unserer älteren Pferde schenken, damit Du sicherer nach Hause kommst?« Caroline denkt an die abendlichen Ritte zu ihrer Schwester. Sie bekommt einen roten Kopf und stottert. »Das kann ich doch nicht annehmen.« »Wir hatten eine angenehme Zeit mit Dir«, erwidert die Baronin. »Du bist eine kluge junge Frau. Wir fühlen eine gewisse Verantwortung für Dich. Du bist mir fast wie eine Tochter.« Caroline fühlt sich, als sei sie gerade in einem Märchen angekommen.

Der Stallmeister bringt einen Tag später das Pferd, schon gesattelt, auf den Innenhof. Caroline steigt mühelos auf. Sie dreht ein paar Runden. Caroline mag das Pferd, das Else heißt, und Else mag offensichtlich sie. Nun wird sie viel schneller wieder zu Hause sein. Die Mägde verabschieden sie mit einem kleinen Abschiedsessen. Ein Schimmer von Neid zieht durch den Raum. Caroline verlässt eine Woche später mit Pferd Else Gut Jerusalem.

Sie nimmt sich vor, diesmal in größeren Orten Station zu machen und dort möglichst im Pfarrhaus unterzukommen. Für Ihr Pferd wird sie dort sicher auch eine Möglichkeit zum Unterstellen bekommen. Erste Station ist Tapiau. Ein großes Pfarrhaus. Sie steigt von ihrem

Pferd, klopft an. Die Tür wird aufgerissen und eine Schar von Kindern blickt sie erstaunt an. »Mama«, schreien sie aufgeregt. »Da ist eine Frau mit Pferd.« Eine Frau erscheint und sieht sie fragend an. Caroline erklärt ihr Anliegen. Sie ist willkommen und für das Pferd weiß die Pfarrersfrau auch eine Unterkunft. »Binden Sie den Gaul erstmal an den Pfahl da und kommen herein.« Caroline wird wieder länger bleiben als gedacht. Sowohl die Pfarrersfamilie als auch die Bäuerin, die ihr Pferd aufgenommen hat, haben Wünsche. Caroline ändert Kleider, näht zwei Kinderkleidchen und macht ein paar Flickarbeiten. Alle sind zufrieden. Die Zeit verfliegt. Caroline will weiter. Ihr Ruf als »reitende Schneidermeisterin« eilt ihr voran.

Beim Bürgermeister in Insterburg wird sie schon erwartet. »Du hast es ja weit gebracht«, sagt er bewundernd. Caroline freut sich, die Familie wiederzusehen. Auch hier wird sie einige Tage verbringen. Die größeren Kinder dürfen auf Else reiten. Else lässt alles geduldig über sich ergehen. Eine Mohrrübe tut das Übrige. Beim Abschied gibt es ein großes Hallo.

Caroline reitet noch ein Stück weiter am Pregel, dann geht es auf der Landstraße weiter nach Gumbinnen. Auch dort erwartet man sie schon.
Weiter geht es nach Pilkallen. Der Bruder, der Schmied, sieht ihr Pferd an. Sagt zweifelnd. »Ein schon recht alter Gaul, aber er hat Dich ja gut bis hier her gebracht.

Ich werde ihn erst einmal neu beschlagen. Dann tut er es bestimmt noch einige Zeit.«

Pillkallen ist eines der Hauptzuchtgebiete für schwere Pferde, die als Ackergäule und Zugpferde gebraucht werden. Der Bruder ist unermüdlich tätig. Mittlerweile hat er einen Gehilfen und zwei Lehrlinge. Auch seine Frau hetzt durch das Haus. Neben den fünf Kindern ist sie zuständig für Haus und Garten. Vor allem aber muss sie dafür sorgen, dass immer genug Essen für die schwer arbeitenden Männer auf dem Tisch steht. Ein Säugling hängt noch an ihrer Brust. Die Marjell, die ihr helfen soll, hat wohl zwei linke Hände. Schnell packt Caroline mit an. Sie bleibt vier Wochen. Dann aber drängt es sie nach Hause.

Großes Geschrei bricht aus, als die Eltern und Geschwister sie sehen. Sie muss bis zum späten Abend von ihren Erlebnissen erzählen. Alle sind stolz auf die tüchtige Caroline. Auch hier näht sie der Mutter und einer kleinen Schwester ein Kleid. Wird die Mutter das Kleid je tragen?
Bald findet sie Arbeit auf einem nahe gelegenen Gut. Andere große Bauernhöfe und Güter folgen. Caroline arbeitet, verdient ihre eigenen Taler, ist zufrieden. Sie hat erreicht, was sie wollte. Sie ist unabhängig. Auf einem der Güter lernt sie den Eigenkätner Carl kennen. Er kommt aus der sehr großen Familie der Grubers. Er ist das 16. Kind seines Vaters. Der Bruder hat ihm ein

Stück Land abgetreten. Dort hat er sich mit Hilfe der vielen Brüder ein Häuschen mit Stall gebaut. Zwei Kühe, Hühner, Gänse und Tauben bevölkern den kleinen Hof. Er ist ein Selbstversorger. Er verdingt sich auf dem nahegelegenen Gut oder bei seinem Bruder vor allem in Erntezeiten als Hilfskraft. Da verdient er dann einige Taler, die für Saat und ein neues Kleidungsstück sorgen. Nur eine Frau fehlt ihm noch.

Er fragt bei Caroline an, ob sie ihm eine Hose nähen könne. Diese blickt zweifelnd. Sie näht eher hübsche Kinderkleidung und Garderobe für die Gutsfrauen und Bäuerinnen. Der Mann gefällt ihr. Sie sagt zu. So lernen sich die beiden besser kennen. Carl gefällt die selbstständige Caroline. Ihr gefällt der selbstständige und gut aussehende Carl Gruber. Er ist 28 Jahre, sie 25 Jahre alt. Sie heiraten. Die beiden bekommen drei Kinder. Auch als Schwangere arbeitet Caroline fleißig. Lange Ruhepausen gibt es für beide nicht. Sie sorgen abwechselnd für die Kinder. Manchmal hilft auch eine Schwester aus.

Als Tochter Marie neunzehn Jahr alt ist, wirbt ein Bauer um ihre Hand. Eine andere Zeit ist angebrochen. Die Frauen bekommen nicht mehr ein Kind nach dem anderen. In der Landwirtschaft gibt es Maschinen, die die Arbeit erleichtern. So freut sich Caroline für Marie. Die Kätnerei, die sie bewohnen, hat nach dem Auszug der Tochter genügend Raum, um für Caroline ein kleines

Atelier einzurichten. Das macht lange Abwesenheiten überflüssig. Es hat sich längst herumgesprochen, dass Caroline eine gute Näherin ist und hübsche Kleidung fertigt. Sie hat bald mehr Aufträge, als sie schaffen kann. Sie stellt eine junge Marjell als Lehrmädchen ein. Das macht ihr Leben leichter.

Das Mädchen wird nach der Lehre auch ihr eigenes Auskommen haben. Carl freut sich, dass seine Frau nun mehr zu Hause ist. Sie kocht gut. Einmal sogar Königsberger Klopse. Er ist begeistert. Aber Caroline muss ihm sagen, dass das ein sehr teures Essen ist. »Wir werden es uns wohl kaum noch einmal leisten können. Aber einmal solltest Du es wenigstens probieren.«

Sohn Karl möchte gerne Lehrer werden. Caroline ist unbedingt dafür, dass er diesen Weg gehen soll. »Wir werden Dich unterstützen, so gut wir es können«, verspricht sie. Karl hat damit einen langen Weg vor sich. Die Ausbildung ist vom Staat Preußen geregelt. Karl muss eine Lehre bei einem erfahrenen Lehrer machen. Er weiß, wie überfüllt die Klassen in Volksschulen sind. In seiner einklassigen Schule saßen in einem Raum über 80 Kinder im Alter von fünf bis vierzehn Jahren. Die Lehrer werden froh sein, wenn sie einen Gehilfen finden. So ist es nicht schwer, in Gumbinen eine Ausbildungsstelle zu finden. In dieser Kleinstadt gibt es zwei Volksschulen mit je zwei Lehrern. Er bewirbt sich und bekommt einen Ausbildungsplatz. Die Klassen sind aufgeteilt. Kinder von fünf bis zehn und von elf bis vierzehn Jahre sitzen in einem Raum. Er vereinbart, dass er in beiden Klassen lernen kann. Er bleibt drei Jahre und wohnt bei einem der Lehrer. Geld bekommt er nicht. Aber das Zimmer und das Essen gewährt man ihm kostenlos. Es folgt ein Vorbereitungskurs, um anschließend eine Präparandenanstalt zur Ausbildung von Lehrern zu besuchen. Das ist nicht kostenlos. Aber die Eltern, Caroline und Carl Gruber, bezahlen die Gebühr. Danach folgen noch einige Seminare. Seine Ausbildung dauert sieben Jahre. Er ist ein gut ausgebildeter Lehrer und strebt nun in eine größere Stadt. Sein älterer Bruder Paul wird die Kätnerei übernehmen.

Carl und Caroline ziehen, zufrieden mit ihrem Leben und dem Geschafften, in eine kleine Kate neben der Kätnerei. Sie unterstützen Sohn Paul, wo immer es geht. Sie führen ein zufriedenes Leben.

Carl stirbt 1898. Er erreicht ein für diese Zeit biblisches Alter. Er wird 83 Jahr alt. Caroline folgt ihm nach einem Jahr. Sie wird 78 Jahre.

✳✳✳✳✳

Karoline Gruber, geb. Okras (1851 - 1921)

Karoline wird in Neu-Gurren, einem kleinen Flecken in der Nähe von Angerburg geboren. Der Vater ist Fischer. Karoline ist das Erste von fünf Kindern. Die Mutter arbeitet in Haus und Garten und Stall. Sie bekommt insgesamt acht Kinder. Drei davon sterben früh. Die Familie hat ein Pferd, zwei Schweine, Hühner, Gänse, Enten und Tauben. Mutter, Vater und fünf Kinder wohnen in einem strohgedeckten Häuschen. Ein kleiner Stall und die Räucherkate für den Fisch stehen hinter dem Garten. Der Fisch, den der Vater fängt, wird auf dem Fischmarkt in Angerburg oder auf dem Gut der Grafen von Lahndorf verkauft. Dafür braucht er einen Kastenwagen und das Pferd. Nicht verkaufte Fische werden in der Räucherkate haltbar gemacht. Am Mauersee hat der Vater ein geteertes Boot und viele Fangnetze.

Die Brüder müssen schon in jungen Jahren mit dem Vater hinaus auf den Mauersee fahren, die Netze mit ins Boot ziehen, und dann die gefangenen Fische in verschiedene, mit Wasser gefüllte Tonnen werfen. Caroline und ihre Schwester werden bereits mit fünf Jahren ihre Aufgaben in Haus und Hof übernehmen. Sie gehen auf die deutsche Schule in Angerburg. Die Großeltern waren noch polnische Bürger. Ab dem Jahr 1811 wird vom preußischen Staat für Masuren eine neue Landesteilung vorgeschlagen. Es soll mehr Einheit in

Sprache, Sitten, Kultur und Gewerbe bringen. Die deutsche Sprache wird schrittweise in Verwaltung und Schule eingeführt. Ein Großteil der Bevölkerung befürwortet das oder fügt sich. Karoline spricht sowohl Polnisch als auch Deutsch. Mit der Reichsgründung 1871 fordert Preußen dann, dass in Verwaltung und Schule ausschließlich die deutsche Sprache gelehrt, verwendet und gesprochen wird.

Karoline ist ein fleißiges Mädchen. Sie wird zur Hüterin der jüngsten Geschwister. Sie wird gebraucht in Haus und Garten und Stall. Die Schule muss sie regelmäßig besuchen. Vater und Mutter werden sonst bestraft. Der Mutter, die die Hilfe von Karoline braucht, gefällt das nicht. Nebenbei hilft Karoline auch gerne dem Vater am See. So kennt sie die verschiedenen Fischsorten, die der Vater fängt, genau. In den Netzen sind Karpfen, Karauschen, Schleie, Brassen, Plötzen. Manchmal findet sich auch ein großer Hecht darin. Die kleinen Fische werden zurück in den See geworfen. Karoline ist gerne draußen am See. Da gibt es so viel zu sehen. Reiher, Kraniche, Kormorane und Haubentaucher überqueren das Wasser. Seltener sieht sie auch einen Adler. Vater erklärt, dass das Fisch- oder Steinadler sind. Er erzählt ihr, dass auf den Mauersee viele andere Seen folgen und weiter entfernt riesige Wälder mit sehr hohen Kiefern stehen. »Da kann man sich schnell verlaufen«, sagt er.

Karoline ist an allem interessiert, murrt und klagt nicht. Nur die Pflege der kleinen Geschwister, besonders die des kleinen Bruders, machen sie manchmal sehr müde. Sie darf ihn nicht aus den Augen lassen, sonst ist er plötzlich verschwunden. Sie ist eine gute Schülerin. Der Vater ist stolz: »Seine tüchtige, kluge Karoline!« Karoline ist beschäftigt vom frühen Morgen bis in den späten Abend.

Sie besucht die Volksschule in Angerburg. Das ist nur eine halbe Stunde entfernt von zu Hause. Angerburg ist eine sehr besondere Stadt. Da gibt es gepflasterte Straßen, und die Häuser haben Dächer aus Ziegeln. Die Straßen sind nachts beleuchtet mit Gaslaternen. Da braucht sie sich nicht zu fürchten, auch im Winter nicht. Sauberes Wasser gibt es auch. Die städtischen Brunnen sind damit gefüllt. General Katte, Vater des Freundes Friedrich des Großen, stand hier von 1718 bis 1740 mit seinen Kürassieren in Garnison. Er ließ 1740 auch die sogenannte Wasserkunst erbauen, die alle städtischen Brunnen mit sauberem Wasser versorgt. Angerburg hat nicht nur einen Fischmarkt, es gibt auch einen Getreide- und Leinenmarkt. Durch den Fluss Angerapp, der in die Pregel mündet, ist die Stadt verbunden mit Ostpreußen bis hin nach Königsberg.

Karoline sieht Flösse mit Baumstämmen langsam auf dem Fluss dahinziehen. Das Holz soll wohl nach Königsberg. Der Bedarf an Holz scheint groß zu sein. Ihr gefallen auch die Storchennester, die auf vielen Häusern fleißig von Storchenpaaren gebaut werden. Jedes

Frühjahr kommen sie in Scharen über den Mauersee angeflogen, suchen ihr Nest auf, ziehen den Nachwuchs groß und fliegen im Herbst wieder davon. Wohin sie wohl fliegen? Es heißt, dass ein Storchennest auf dem Dach des Hauses Glück bringt.

Karoline ist 15 Jahre alt, als sie die Schule mit einem guten Zeugnis verlässt. Sie hat in den letzten beiden Schuljahren, neben dem Unterricht am Vormittag, manchmal die Betreuung der fünf- und sechsjährigen Kinder übernommen. Der Unterricht der Kleinen findet am Nachmittag statt. Er dauert zwei Stunden. Sie singt und spielt besonders gern Volks- und Kirchenlieder mit den Kindern. Die Arbeit macht ihr Freude. Der Lehrer schreibt ihr eine Empfehlung. So bekommt sie auf dem nahegelegenen Gut der Grafen von Lahndorf eine Anstellung als zweites Kindermädchen für die Kleinsten. Die Mutter gibt sie ungern her. Karoline war ihr eine große Hilfe und Entlastung.

Karoline macht sich auf dem Weg nach Gut Lahndorf. Sie läuft ein Stück am Mauersee entlang, dann folgen Felder und Wiesen. Kühe liegen am Boden und bewegen ihre Mäuler hin und her. In der Schule hat die gelernt, dass Kühe Wiederkäuer sind. Sie futtern viele Stunden das Gras auf der Wiese. Das ist schwer verdaulich für die Kühe. Deshalb legen sie sich nach dem Fressen nieder und verdauen mit ihren drei Mägen das Gras und kauen es noch einmal. So wird das Gras dann durch Wiederkäuen zu der Nahrung, die die Kühe brauchen. So viel hat sie jedenfalls behalten. Es folgen Weizenfelder. Weizen trägt an den Halmen kurze und breite Ähren ohne stachelige Grannen. Gerste dagegen hat sehr lange Grannen. Sie pflückt eine Ähre ab und zerreibt sie in ihren Händen. Es kullern kleine, dicke Körner heraus. Schnell in den Mund und gemächlich, wie auch die Kühe es tun, kauen. Es schmeckt. Drei weitere Ähren folgen. Die Sonne scheint, und in der Ferne sieht sie plötzlich mehrere Häuser. Sie scheinen zu schweben. In der Mitte steht ein großes Gebäude. Das muss das Gutshaus sein. Hinter Zäunen kommen Pferde auf sie zu. Sie sind schlank und braun. Ihr Herz beginnt laut zu klopfen. Wie wird man sie aufnehmen? Wird sie die Aufgaben, die auf sie zukommen, schaffen? Man hat ihr gesagt, dass sie einen Nebeneingang, den Personaleingang, nehmen muss. Durch die große Eingangstür dürfen nur die Herrschaften gehen.

Je näher das große Haus kommt, desto schneller klopft ihr Herz. Sie kommt sich plötzlich so klein vor. Das Gutshaus wird größer und größer. Angekommen sieht sie einen Leiterwagen, auf dem Strohbündel gerade in eine Scheune gehoben werden. Sie grüßt die Männer, die dort arbeiten.
»Na, Marjellchen, willst hier arbeiten?«, ruft einer herüber. »Denn jeh man durch die Seitentür da drüben.«
Sie wird freundlich empfangen und bekommt erst einmal zur Stärkung ein Glas Milch. Ihr Gesicht ist rot von

der Sonne, sie ist erschöpft. Wie lange sie unterwegs war, kann sie nicht sagen. Sie darf sich auf einen der Schemel setzen. Sie erklärt ihr Anliegen. »Warten Sie man, wir werden der Madam Gouvernante Bescheid sagen.« Gouvernante? Das Wort kennt sie nicht. Was, wer ist das denn?

Die Zeit auf dem Schemel wird lang und länger. Karoline steht auf, geht ein paar Schritte hin und her. Die Frau Gouvernante lässt auf sich warten. Eine ältere Frau erscheint und reicht ihr eine Schüssel warme Suppe. »Es ist gerade Abendessen-Zeit, die Herrschaften essen. Da musst schon noch warten«, sagt sie. Dankbar isst Karoline die Suppe. Sie schmeckt. »Kannst ja mal einen Blick in die Küche werfen. Ich heiße Emma«, sagt die Frau. »Ich bin Karoline und soll auf die Kleinen aufpassen«, antwortet diese. Es geht eine Treppe hinunter. Karoline darf einen Blick in die Küche werfen. Sie staunt. In der Küche steht eine Pumpe, der große Schwengel ragt in den Raum. Auf Herden dampfen Töpfe, Geschirr klappert, Köchinnen rennen hektisch von Topf zu Topf. Weiß gekleidete Marjells mit Spitzenhäubchen auf dem Kopf schleppen Tabletts durch eine Tür. So groß hat sie sich das alles nicht vorgestellt. Die Unsicherheit nimmt zu. Die Zeit schleicht. Irgendwann erscheint eine große Dame. Der Kragen ihres langen Kleides reicht bis zum Kinn. Die Haare sind streng nach hinten in einem Knoten zusammengebunden. Ihre Sprache ist eigenartig. Sie scheint zu klingen. Die Dame erfüllt den Raum mit einem seltsamen Duft.

»Du bist also Karoline Okras?«, fragt sie und mustert sie von oben bis unten. Du wirst dich jetzt erst einmal entsprechend anziehen. Sie führt sie in eine Kammer, untersucht mit einem Kamm ihren Kopf nach Läusen und gibt ihr ein graues, langes Kleid, das Karoline von nun an tragen wird.

Das wird schwerer, als Karoline es sich vorgestellt hat. Sie muss sehr viel lernen. Die Gouvernante, auch Lehrerin für die älteren Kinder, ist zugleich Hausdame und Gesellschafterin. Sie sitzt mit am Tisch der Familie. Das kommt für Caroline natürlich nicht in Frage. Einen Hauslehrer gibt es auch noch. Den lernt sie lange Zeit nicht kennen. Die Gouvernante ist streng und oft unerbittlich in ihren Forderungen an Karoline. Die drei Kinder, die Karoline gemeinsam mit dem ersten Kindermädchen Lene betreut, sind ein halbes Jahr, zwei und vier Jahre alt. Die Kleinste muss gefüttert, und umsorgt werden. Die beiden anderen sprechen ein Mischmasch aus Deutsch und Französisch. Der zweijährige Junge ist ein Zappelphilipp. Er ist kaum zu bändigen. Das erste Kindermädchen hat Karoline anzulernen. Das nimmt diese sehr ernst. Endlich kann auch sie jemandem sagen, was er darf, tun muss, wie er es zu machen hat. Und dass Karoline vor allem den Mund zu halten hat. Die Gouvernante ist eine französische Adlige. Sie hat besonders feste Regeln aufgestellt. Schon für die Kleinen ist der Tag genau eingeteilt. Karoline hat von nun an im Kinderzimmer zu schlafen. Jede Nacht ist eine unruhige Nacht. Das ist anstrengend, weil die Kinder immer wieder nachts aufwachen. Sie muss dann sofort zur Stelle sein. Nach den unruhigen Nächten beginnt der Tag um sechs Uhr morgens und endet spätestens um neunzehn Uhr abends. Eine Mittagsstunde von 13 bis 14 Uhr ist einzuhalten.

Karoline hat sich vor allem im Sommer oft an der Pumpe auf dem Hof der Eltern gereinigt. Üblich war das nicht. Lange galt Wasser für den Körper als schädlich. Auf dem Gut wird das anders gemacht. Die Kinder haben eine große Schüssel in ihrem Zimmer, die im Sommer mit kaltem, im Winter mit in der Küche erwärmten Wasser gefüllt wird. Wenn die beiden größeren Kinder sich mehr oder weniger das Gesicht und die Hände gewaschen haben, kann Karoline dann Annas Po und den Lappen reinigen. Es folgt das Anziehen. Eine Amme erscheint und säugt die Kleine, die eifrig nuckelt. Gegen 8 Uhr bringt eine Küchenmagd ein Frühstück. Auch Anna bekommt ein wenig von dem Haferbrei. Sie wird an feste Nahrung gewöhnt. Beim Essen geht es um gute Tischmanieren. Kleckern und Matschen ist verboten. Der Löffel ist richtig zu halten. Die Kinder haben gerade zu sitzen. Zwischendurch aufstehen ist verboten. Karoline leidet mehr als die Kinder, die das alles schon gewohnt sind. Karoline hat regelmäßig Schweißausbrüche. Die Französin fungiert manchmal als Aufpasserin. Die Beziehung zwischen den beiden Kindermädchen Karoline und Lene wird langsam besser. Beide sind froh, dass sie miteinander reden, sich austauschen, sich beklagen oder freuen können.

Nach der Mahlzeit dürfen die Kinder in ihr Spielzimmer. Karoline und Lene haben die Aufsicht. Sie nutzen die Zeit mit den Kindern auch zum Singen und Spielen. Die Lieder hat Karoline bei der Mutter und in der Schule gelernt. In der Schule waren es meist Kirchenlieder. Klein-Anna liegt am Boden und juchzt, wenn »Alle meine Entchen«, das Lieblingslied der Kinder gesungen und gespielt wird.
Die beiden Großen kennen die Strophen schnell auswendig:

Alle meine Entchen
schwimmen auf dem See
schwimmen auf dem See
Köpfchen in das Wasser,
Schwänzchen in die Höh`.

Alle meine Täubchen
gurren auf dem Dach
gurren auf dem Dach
fliegt eins in die Lüfte
fliegen alle nach.

Alle meine Hühner
scharren in dem Stroh
scharren in dem Stroh
finden sie ein Körnchen,
sind sie alle froh.

Alle meine Gänschen
watscheln durch den Grund
watscheln durch den Grund
suchen in dem Tümpel
werden kugelrund.

Karoline ahmt mit ihnen die Bewegungen der Tiere nach. Dann gibt es kein Halten mehr. Die Kinder wollen die Tiere sehen, ihnen zuschauen. Die Französin ist strikt dagegen.

Hoppe, hoppe Reiter,
wenn er fällt, dann schreit er,
fällt er in den Graben, fressen ihn die Raben.

Alle drei Kinder wollen dann auf den Schoß von Karoline. In solchen Stunden sind die Puppen und das Schaukelpferd nicht mehr wichtig.

Gegen 11 Uhr kommt die gnädige Frau ihre Kinder besuchen. Sie bleibt ungefähr eine Stunde. Da müssen die Kinder still sitzen und der Frau Mutter auf Fragen wie »Was habt ihr denn gestern gemacht?«, antworten.

Da fällt den Kindern meist nicht so viel ein. Sie äußern lieber Wünsche. »Wir möchten gerne den Hühnerhof besuchen.« Frau Mutter sieht die Kinder fragend an. Die Französin blickt streng. Karoline erklärt, dass die Kinder gerade ein Kinderlied gelernt hätten. »Da kommen Hühner, Täubchen, Gänse und Enten vor«, erklärt sie. »Das können wir doch planen«, meint die gnädige Frau. Ich werde mit dem Verwalter sprechen. Der Ausflug findet statt. Die Französin lächelt süßsauer. Die Kinder sind begeistert. Sie singen, flattern und gackern über den Hof. Da muss selbst der Verwalter lachen.

Beim Mittagessen am Wochenende sitzt die ganze Familie dann gemeinsam am Tisch. Die Kinder dürfen sich sogar hinsetzen. Karolines Aufgabe ist es, über die jetzt einjährige Anna zu wachen. Sie sitzt nicht mit am Tisch. Ihre eigene Mahlzeit wird sie beim Mittagsschlaf der Kinder einnehmen. Einmal in der Woche kommt am Nachmittag eine Klavierlehrerin. Dann wird auch gesungen und manchmal auch getanzt. Die dreijährige Elisabeth spielt bereits kleine Melodien, sie klimpert mit ihren Fingerchen auf die einzelnen Tasten. Bruder Friedrich haut immer mal mit seinen Fäustchen dazwischen. Die Französin ermahnt streng.

Karoline lernt langsam die wichtigsten französischen Wörter. Meist aber spricht sie mit den Kindern deutsch. Die Kinder mögen sie, weil sich nicht so streng ist. Mit ihr können sie lachen, und manchmal streichelt sie sie oder nimmt sie in den Arm und tröstet. Liebe Karoline.

Am Sonntag gibt es Ausfahrten mit zwei Kutschen zu Verwandten. Fahrten rund um den See oder bis an die Grenze des großen, dunklen Waldes sind besondere Erlebnisse. Im Winter gibt es Schlittenfahrten. Da gilt es, sich warm einzupacken. Aber der Schnee glitzert und die Landschaft ist wunderschön anzusehen. Karoline ist meist glücklich und zufrieden, sie darf mitfahren. Schließlich muss sie auf die Kleinen aufpassen.

Zweimal im Jahr wird ein Fest gefeiert. Da kommen ein paar Musikanten, die zum Tanz aufspielen. In der Küche wird hektisch gearbeitet. Das Hauspersonal putzt das ganze Haus und poliert das Silber. Viele Kutschen fahren vor und fein gekleidete Menschen steigen aus. Die Kinder schlafen meist schon. Karoline hört die Musik, schaut heimlich aus dem Fenster. Manchmal wird sie traurig. Tanzen möchte sie auch gerne.

Zweimal im Monat hat sie einen Sonntag frei. Dann kann sie ihre Familie besuchen. Sie ist 17 Jahre alt, als sie ihren alten Lehrer und Förderer besucht, um ihm zu berichten. An der Schule, die jetzt eine Volks- und Mittelschule ist, lehrt seit einigen Monaten auch Karl Gruber. Karl ist groß und schlank. Karoline sieht bewundernd zu ihm auf. »Erzähl doch mal, was du so machst«, fragt er. Karoline bekommt einen roten Kopf.

Aufgeregt stottert sie auf polnisch für Karl Unverständliches und läuft davon. Karl sieht ihr ratlos nach. Das Mädchen ist hübsch anzusehen. Sie gefällt ihm. Er würde sie gerne wiedersehen. Der Kollege hat ihm erzählt, dass sie sehr tüchtig und auch klug ist. Er ist ratlos. Der Lehrerkollege rät ihm, einfach einmal die Eltern zu besuchen, um ihnen über die jüngeren Kinder zu berichten. Ein guter Rat, den Karl bald erfüllt. Die Eltern begreifen schnell, worum es dem jungen Mann geht. »Kommen sie doch einfach in 14 Tagen zum Mittagessen. Da ist Karoline auch zu Hause. Da gibt es immer ein Festessen.« Jetzt bekommt Karl einen roten Kopf und stottert: »Danke für die Einladung. Ich komme sehr gerne.«

So trifft der Lehrer Karl Gruber fast jeden zweiten Sonntag im Monat die Jungfer Karoline Okras. Spaziergänge zu zweit sind erlaubt. Karl greift nach Karolines Hand. Ein warmes Gefühl streift ihren Körper. Das geht lange Zeit so. Beide merken, wie gern sie miteinander reden und beisammen sind. Karoline erzählt von den Kindern, sie sie betreut und Karl von seinen Schülern. Aus Händchen halten und Reden wird irgendwann ein Kuss. »Ich werde beim Vater um Deine Hand anhalten«, bereitet Karl Karoline vor. Der Vater fragt, wie Karl denn seine Familie ernähren wolle. Karl erklärt ihm, dass er Mittelschullehrer sei und das Gehalt gerade angeglichen werde. In einem Jahr werde er dann wohl Beamter sein und die Familie eine gesicherte Zukunft haben. Daraufhin ist Vaters Zustimmung selbstverständlich. Die Hochzeit soll im Winter stattfinden, dann hat das Fischer-Ehepaar mehr Zeit. Auch bei Carl Gruber, dem Vater von Karl kehrt mehr Ruhe ein. Die Mutter Caroline wird dann einige Nähaufträge weniger annehmen. Sie verspricht der Braut, ihr ein Kleid zu nähen. Karoline ist selig.

Karoline ist 19 und Karl 25 Jahre alt. Sie wollen beide keine große Hochzeit. Es werden nur Eltern, Großeltern, Brüder und Schwestern und deren Familien kommen. Aber auch das wird schon eine teure Angelegenheit. Karolines Vater stöhnt. Aber viele helfen. Es kann gefeiert werden. Die Hochzeit dauert zwei Tage.

Karoline gibt ihre Arbeit auf dem Gut auf. Die Kinder weinen, das erste Kindermädchen ist traurig, die Gouvernante schweigt. Der gnädige Herr und die gnädige Frau versprechen, am Hochzeitstag vorbeizuschauen.

Karoline zieht in das Haus, das dem Lehrer zur Verfügung steht. Drei Zimmer, eine kleine Küche, eine Pumpe, ein Klo-Häuschen auf dem Hof und ein Gemüsegarten gehören ihnen nun. Karoline freut sich. Drei Monate nach der Hochzeit weiß sie, dass sie ein Kind erwartet. Die monatliche Blutung ist ausgeblieben. Erwartungsvoll sieht sie der Geburt entgegen. Mit Kindern umzugehen, sie zu betreuen und über sie zu wachen hat sie gelernt. Dabei sind Haushaltsführung und

Kochen etwas ins Hintertreffen geraten. Sie geht nun regelmäßig zu ihrer Mutter und lernt sparsames Hauswirtschaften und Kochen. Als ihr der erste Streuselkuchen gelingt, springt sie vor Freude in die Luft. Sie ist im siebten Monat, der Bauch hat sich zunehmend gerundet.

»Sei vorsichtig«, sagt Karl. Aber der Streuselkuchen schmeckt auch ihm. Nach neun Monaten setzen die Wehen ein und Karl ruft die Hebamme herbei. Die Geburt ist unkompliziert. Nach vier Stunden ist ein kleiner Sohn geboren. Sie nennen ihn Friedrich. In den folgenden Jahren werden noch vier Kinder folgen. Sie nennen sie Martha, Lisa, Johann und Fritz. In den Ferien und an den Wochenenden sind die Kinder am liebsten bei den Großeltern. Da können sie toben oder im Haushalt und beim Fischen Oma und Opa helfen. Der Vater zu Hause ist streng. Manchmal gibt es auch eine Tracht Prügel für die Jungen oder eine Ohrfeige für die Mädchen. Das passiert beim Opa nicht.

Karoline wäscht, putzt das Haus, kocht und sorgt für ihre Kinder. Sie streichelt sie, wenn sie traurig sind, und nimmt sie oft in den Arm. Aber sie liest auch, was immer sie in die Finger bekommt. Sie schaut zu ihrer selbstständigen Schwiegermutter und bewundert sie. Karoline möchte auch etwas Eigenes haben. Ein paar Gulden mehr würden der Familie guttun. Der Jüngste, der Fritz, ist inzwischen auch schon sieben Jahre alt und sehr selbständig.

Ihr Mann hat ihr von Theodor Fliedner erzählt. In den
großen Städten Preußens gibt es viele gefährdete Kinder und Jugendliche. Man begegnet ihnen auf Schritt
und Tritt. Sie streunen auf den Straßen, betteln und
stehlen. Durch die beginnende Industrialisierung hängen sie oft den ganzen Tag auf der Straße und verwahr-
losen. Vater und Mutter müssen arbeiten, um der Familie wenigsten eine kleine Wohnung und Nahrung am
Abend zu garantieren. Fliedner konnte den Anblick
dieser Kinder nicht ertragen. Er warb um Spenden, wo
auch immer es möglich war. Schließlich konnte er die
erste Kinderverwahranstalt eröffnen.

Dem Pädagogen Fröbel, so erzählen Studienkollegen
ihres Mannes, gehe es vor allem um bildungspoliti-
schen, schulbezogenen Unterricht in den Einrichtungen für die Jüngsten. Karoline gefällt der Ansatz von
Fröbel. Sie weiß, wie viel Kinder schon in sehr frühen
Alter lernen können, wenn sie gefördert werden. Das
hat sie in den vier Jahren auf dem Gut erlebt. Auch
ihre eigenen Kinder konnten schon mit fünf Jahren auf
der Schiefertafel schreiben und kleine Sätze lesen.

Da in Preußen Kindergartenarbeit von 1851 bis 1860
verboten war, hinkt die vorschulische Arbeit in Ostpreußen hinterher. In Angerburg gibt es nicht einen
einzigen Kindergarten. Auch hier streunen Kinder
durch die Straßen und betteln um Essen. Beide Eltern
arbeiten und haben kaum Zeit für die Kinder. Karoline

beginnt, Pläne zu schmieden. Ihr Mann verspricht, sie dabei zu unterstützen, und schlägt vor, die evangelische Kirchengemeinde aufzusuchen und ihre Pläne vorzustellen. Er wird sie begleiten. Karoline erstellt einen vorläufigen Plan für die Kindergartenarbeit. Auch dabei unterstützt sie Karl.

Die Kirchengemeinde ist zögerlich. Aber Karoline und Karl sind beharrlich. Sie weisen auch auf die Arbeit mit der Bibel und kirchlichen Liedern hin. So würden die Kinder schon früh das Vaterunser lernen. Schließlich wird im Gemeindehaus ein Raum zur Verfügung gestellt. Karoline braucht zunächst eine große Wandtafel und Schiefertafeln und Griffel für die Kinder. Kleine Bänke mit Sitzen müssen angeschafft werden. Ein Antrag zur Förderung an die Stadt Angerburg wird gestellt. Karoline bittet auch die gnädige Frau um Hilfe. Diese stellt große Anschauungstafeln mit Bildern aus der Landwirtschaft und der Tierwelt zur Verfügung.

Es ist fast wie ein Wunder. Stadt und Kirche stellen Mittel zur Verfügung. Beim Landratsamt wird ein Antrag gestellt. Es soll eine Kleinkinderschule werden. Die Kinder werden Sprach-, Schreib-, Rechen- und Anschauungsübungen machen. Aber auch körperliche Übungen, Handarbeiten und natürlich Spielen stehen auf dem Programm. Bald startet sie mit der Arbeit. Zunächst sind es zwölf Kinder, die regelmäßig den Kindergarten besuchen. Es sind Kinder, deren Eltern beide arbeiten. Es spricht sich herum, wie gut die Kinder in der Kinderschule aufgehoben sind. Bald werden es mehr. Sie gewinnt ältere Frauen, die den Handarbeitsunterricht übernehmen. Topflappen werden gehäkelt. Kleine Schals werden gestrickt. Stolz werden die ersten Worte geschrieben und gelesen. Lieder für Kreisspiele werden eingeübt und durchgeführt. Ein Bauernhof wird besucht. Auf dem Fischmarkt werden die Fische bestaunt. Die Namen gelernt.

Dass zwei Eier und noch zwei Eier = vier Eier sind, wissen die Kinder oft schon. Schwierig wird es erst, als acht Schweine und noch sechs Schweine zusammen gezählt werden sollen. Da kommen die Kinder ins Grübeln. Das kann man nicht an seinen zehn Fingern abzählen. Aber einige schaffen auch das.

Karoline ist bald stadtbekannt und bekommt viel Anerkennung. Der Verdienst ist klein, aber sie gewinnt an Selbstvertrauen und wird bald zur Kämpferin für Kleinkindererziehung. Nach ein paar Jahren wird ein zweiter Kindergarten aufgebaut.

Der Herr Lehrer und die Frau Kindergärtnerin führen ein zufriedenes Leben. Der regelmäßige Gedankenaustausch über ihre Arbeit gehört zu den täglichen Gesprächen am Abend. Die Söhne hören oft zu. Zwei Söhne entschließen sich, auch Lehrer zu werden. Das bringt die Familie an ihre finanziellen Grenzen. Aber es gibt Stipendien. Die Ausbildung des Ältesten können die Eltern noch bezahlen. Bei Fritz geht das nicht mehr. Ein Stipendium ist verbunden mit der Verpflichtung, eine Dorfschule zu übernehmen. Sohn Fritz, der viel Zeit bei den Großeltern verbracht hat, will gerne Dorfschullehrer werden.

Aber damit beginnt die nächste Geschichte der Frauen der Grubers.

*****

Klara Gruber, geb. Massalsky (1884 - 1959)

Klara ist eine Lebenskünstlerin, eine geliebte Ehefrau, Mutter und Großmutter. Klara lebt als Erinnerung weiter. Im Kopf ihrer Enkelin Edelgard, also mir und auch in meinem Herzen, hat sie einen festen Platz. Nach all meinen Vorfahrinnen komme ich langsam ins Spiel, daher wechsle ich ab diesem Kapitel auch die Erzählperspektive.

Oma Klara.

Klara ist die Tochter eines Bauern. Sie wird in Wolfsberg, Kreis Niederung, auf dem Hof der Eltern, Karoline Okras und Rudolf Massalsky, geboren. Ein hübsches Kind. Braune Augen, schwarze Haare, ein rundes Gesicht. Der Hof ist groß und ertragreich. Ein reicher Hof, so die Erzählungen. Aber es wird gemunkelt, dass Ostpreußen gerne übertreiben.
Ich habe den Hof leider nie gesehen.
Auf Bauernhöfen, groß oder klein, muss angepackt werden. Klaras Mutter Karoline ist gerade 16 Jahre alt, als sie den Wirt Rudolf Massalsky heiratet. Ein Jahr später wird Klara geboren. Karoline, die sehr junge Frau und Mutter, fordert bald – vor allem auch von der ältesten Tochter Klara, dass sie früh mit anpackt. Die kleineren Geschwister hüten wird eine von ihren regelmäßigen Aufgaben. Später wird sie auch ins tägliche Zubereiten der Mahlzeiten, in die Garten- und Feldar-

beit mit einbezogen. Klara ist klein und schlank. Bei der Ernte des Korns wird sie vom schweren Heben der Garben befreit. Sie versorgt die Erntehelfer mit dem nötigen Essen und Getränken. Das Gejohle wird ohrenbetäubend, wenn sie sich dem Feld nähert. Pause und Essen sind angesagt. Endlich. Alle lagern sich unter einem nahegelegenen Baum, essen, ruhen und plachandern.

Da Schulpflicht mittlerweile vom preußischen Staat angeordnet und überprüft wird, geht Klara vor allem im Winter regelmäßig und gern in die Schule. Auch um dem vielen Geschrei in der Familie zu entgehen.

Ich habe noch Briefe, die Klara ihrer Großmutter geschrieben hat. Die Schrift ist etwas ungelenk, aber fehlerfrei. Das Regiment von Mutter und Vater ist streng. Wenig ruhige Minuten für Klara. Sie will lieber heiraten. Eine Truhe mit Aussteuer steht bereit. Eine kleine Mitgift hat ihr der Vater versprochen. Klara lacht, singt und tanzt gern. Sie würde gerne Klavier lernen. Der Vater behauptet, dafür sei kein Geld da. Sie bekommt eine Flöte. Bei Festen ist sie oft ein Mittelpunkt. Sie spielt kleine Lieder. Das Spielen hat sie sich selbst beigebracht.

Bei einem Dorffest lernt Klara den Junglehrer Fritz Gruber kennen. Fritz ist ein gut aussehender, großer, schlanker, rotblonder Mann. Auch sein kleiner

Schnurrbart ist rötlich gefärbt. Seine Haut wirkt eher blass. Ihr gefällt er sehr. Sie ihm wohl auch. Jedenfalls merkt sie das daran, dass er sie oft und herzlich anlächelt und dann zum Tanz auffordert. Immer und immer wieder will er der Erste sein, der an ihrem Platz erscheint, wenn die Musik einsetzt. Irgendwann fordern ihre Eltern ihn dann auf, sich mit an ihren Tisch zu setzen. Fritz strahlt. Er wird für den nächsten Sonntag zum Nachmittagskaffee eingeladen. Daraus entwickelt sich für beide die große Liebe. Bald wird vom Heiraten geredet. Der Vater stimmt zu.

Klara ist 20 Jahre alt als sie ihn heiratet. Fritz ist 26 Jahre und hat gerade seine erste eigene Stelle in Treufelde angetreten, einem Dorf zwischen Stallupönen und Pillkallen. Lehrer erhalten Anfang des 20. Jahrhunderts ein kleines Gehalt. Sie leben vom Deputat, dass sie von den Bauern bekommen. Die Schule ist umgeben von einem Grundstück mit Wiese und einem Stall.

Die Lehrersfrau kümmert sich um die Kuh, das Schwein, die beiden Schafe, Hühner, Gänse und Tauben. Im großen Gemüse- und Obstgarten muss gesät, geerntet, Obst und Gemüse eingekocht werden. Vorsorge für den Winter ist zu treffen. Genug zu tun für eine Lehrersfrau. Klara bringt die entsprechenden Fähigkeiten mit. In den Jahren 1906, 1908 und 1910 bekommt sie drei Kinder. Sie werden auf den Namen Helmut, Kurt und Ilse Gruber getauft. Für mich ist es kaum vorstellbar, dass eine Frau im 21. Jahrhundert alle diese Aufgaben übernehmen könnte.

Mit Klara zieht das »andere Ostpreußen« in die Familie Gruber ein. Salzburger heirateten bisher stets Salzburger. Klara bringt neben Lachen und Fröhlichkeit den ostpreußischen Dialekt mit. Ihre Aussprache ist breit und gemütlich. Gastfreundschaft, der Bärenfang, piesacken, plachandern, Spirgel. Verkleinerungsformen wie Suppchen, na Jache, Annchen, Trudchen, Lenchen, Muttchen ziehen ins Lehrerhaus ein. Bei Klara darf plachandert werden, sich gefreit werden. Bauersfrauen kommen zum plachandern, ein Schlubberchen aus der Kaffeekanne steht stets bereit, es muss nicht immer Bohnenkaffee sein. Klara wird gebumfidelt, sie freut sich über jedes Lob aus dem Mund der Nachbarinnen. Sie weiß, dass sie Haus, Garten und Vieh, aber vor allem ihre drei Kinder gut führt. Trotzdem freut sie sich.

Ein erster Vers aus einem Gedicht mit unbekanntem Verfasser über plachandern soll hier wiedergegeben werden:

Die Klärchen hat heut´eingeladen
zu Tassche Kaffee und frischem Fladen.
Dem haben alle sehr geprahlt,
daß die Klärchen man so strahlt.
Man tut sich auch am Kaffee jietlIch.
Ach, is das wieder scheen jemietlich!

Der strenge preußische Fritz, der seinen Schülern und Schülerinnen Hochdeutsch beibringen soll, zuckt oft zusammen. Er spricht natürlich Hochdeutsch. Er möchte, er will, er besteht darauf, dass seine Kinder das auch tun. Das schafft manchmal Schwierigkeiten. Wortwechsel erfüllen dann die Stube. Die Kinder flüchten. Aber Fritz liebt seine Frau. Er betet sie an. Er weiß genau, was sie leistet. Sie tut ihm gut. Der gestrenge Herr Lehrer und Vater lernt lachen. Klara ist der Mittelpunkt der Familie. So wie Fritz in den Klassenräumen die erste Rolle spielt, spielt sie im Haus die erste Geige. Eine emanzipierte Frau, auch ohne einen erlernten Beruf und eigenes Geld.

Fritz schafft es trotzdem, dass seine Kinder ein klares Hochdeutsch sprechen und eine wie gestochen wirkende Handschrift haben. Viele erhaltene Briefe dokumentieren das. Abitur machen oder gar Studieren aber sollen sie nicht. Das findet der Herr Vater nicht nötig. Höhere Bildung ist Unsinn. Das ist genau das, was die Salzburger Ahnen so weitergegeben haben. Auch ich werde das erfahren. Mädchen haben gute Hausfrauen und Mütter zu sein.

Klara kocht gern und gut. Die Wrukensuppe aus kleingeschnittenem Weißkohl mit etwas Schweinefleisch, Zucker, Salz, Majoran und Schmand, die Glumstorte mit Eiern und Grieß, der Kartoffelbrei mit Spirgeln und Zwiebeln finden reißenden Absatz. Glumse, heute

Schichtkäse, die Spirgel, aus halb ausgebratenem Speck, produziert sie selbst. Die Wruken, (Steckrüben) und Kartoffeln liefern die Bauern. Königsberger Klopse oder ein Braten kommen eher selten auf den Tisch.

Ein besonderer Spaß ist das Herstellen von »Kumst«. Da wird Weißkohl feingeschnitten. Dann dürfen die Kinder unter der Pumpe ihre Füße waschen und den Kumst barfuß stampfen. Ich erinnere mich, dass Klara nach dem Krieg in Holderberg auch Kumst herstellte. Das war ein Gejohle! Dann wurde ein Deckel auf den Behälter gelegt und der Kumst verbrachte seine Zeit im Keller und gärte vor sich hin. Schmackhafte, gesunde Winterkost.

Die mündliche Wiedergabe viel später bei den Treffen der Ostpreußen in Neumünster lautet so:

Kumst

In Ostpreußen gab es eine Fülle von Leibgerichten, Spezialitäten eines Ortes oder des ganzen Landes. An der Spitze der einheimischen Delikatessen stand der Kumst. Kein gewöhnliches Sauerkraut, sondern der Kumst. So hat man ihn zubereitet:
Blätter des Kohls werden fadenförmig geschnitten und in ein altes Petroleumfass getan. Dann steigt man barfuß in dieses Fass hinein und übt Stampfschritt am Ort. Man steigt wieder hinaus und legt wieder Blätter hinein und lässt seine Frau stampfen. Dann geschieht dasselbe mit dem Großvater dem Onkel und dem

Die drei Kinder wachsen heran. Der Vater fordert mit strengen Worten Gehorsam und Fleiß. Anerkennung gibt es sehr selten. Mit der Mutter ist Singen, Fröhlichkeit, Spielen angesagt. Beim Arbeiten in Haus, Stall und auf der Wiese helfen sie gerne und freiwillig. Die Söhne dürfen bis zur Obersekunda das Gymnasium in Schloßberg besuchen. Bei der Tochter reicht die Schule des Vaters. Helmut wird eine Banklehre, Kurt eine Kaufmannslehre absolvieren. Ilse lernt bei der Mutter »haushalten«. Mädchen brauchen keine Ausbildung. »Die heiraten ja doch.« Kindererziehung und Haushalt führen, lernt sich fast von selbst. Die Mutter hat das vorgelebt. Den beiden Jungs war der Vater Vorbild. Schade. Sie haben nicht den Humor, die Gastfreundschaft und Großzügigkeit der Mutter, sondern die Strenge, die Sparsamkeit und Verschlossenheit des Vaters geerbt. Einzig die Treue und Liebe zur Ehefrau haben beide gelebt.

Ilse wird den Nachbarssohn Max heiraten. Der Vater, der Max als Schüler gut kennengelernt hat, will das verhindern. Noch am Vorabend der Hochzeit kommt es zu einem Streit. Zu einer Schlägerei? Auch ein ostpreußisches Märchen?

Max und Ilse werden nach der Flucht Meldestelle, Rettungsanker und Lieferant für den Schwiegervater, die Schwiegermutter, den Schwager Kurt, seine Frau Erna und die beiden Kinder. Max hat Karriere gemacht. Er hat ein Ingenieurstudium erfolgreich abgeschlossen und einen Aufstieg bei Rheinpreußen geschafft. Rachegelüste hat er offensichtlich nicht.

Ich bin das erste Enkelkind. Bis zur Flucht aus Ostpreußen 1944 werde ich immer wieder bei den Großeltern Ferien verleben. Eine herrliche Zeit. Ich darf die auf dem ganzen Hof verstreuten Eier der Hühner suchen. Erdbeeren, Himbeeren, Johannisbeeren, Stachelbeeren pflücken, Möhren ernten und futtern, der Oma beim Melken der Kuh zusehen, beim Opa »mucksmäuschenstill« im Unterricht sitzen, alles ist spannend. Einzig die gebratenen Täubchen machen mir Sorgen, weil ich immer an die Tiere denken muss, die unter dem Dach leben. Trotzdem ist das ein Festessen. Auch mir schmecken die gebratenen Täubchen. Das alles gibt es zu Hause in Schloßberg nicht. Als ich die Teddybären aus dem Laden der Eltern vor dem Geschäft beginne zu verschenken, folgt die Bestrafung.
Dann kommt die Flucht aus Ostpreußen. Fritz und Klara flüchten Ende 1944 aus Treufelde mit den Bau-

ern gemeinsam. Erna steigt im September 1944 in Schloßberg mit ihren beiden Kindern, meinem Bruder und mir, in einen Militärwagen. Aus der Traum. Ich werde Oma und Opa für lange Jahre nicht sehen. Ich bin fünf Jahre, als ich sie zum letzten Mal sehe. Beim Wiedersehen bin ich elf Jahre. Die alte Liebe zu Oma Klara blüht sofort wieder auf. Erna und die Kinder sind dem Ehemann und Vater ins Ruhrgebiet gefolgt. Die ersten Monate leben wir bei den Großeltern. Die haben im Dorfkrug im sogenannten Festraum Unterschlupf gefunden. Da passen auch noch zwei Matratzen rein. Klara hat nichts von ihrer Fröhlichkeit, Gastfreundschaft und Großzügigkeit eingebüßt. Sie ist 63 Jahre, Fritz 70 Jahre alt. Wenn ich heute an sie denke, sind sie jung.

Großvater Fritz meldet mich in der Dorfschule an mit den Worten: »Ich glaube, sie ist eine ganz Begabte.« Der Lehrer antwortet kühl: »Das werden wir sehen.« Der Großvater glaubt an sein Enkelkind. Das werde ich ihm nie vergessen. Er bringt mir »Stopfen, wie gestrickt« bei. Schmetterlinge wie Kohlweißling, Zitronenfalter und Pfauenauge, den Gesang der Amsel, das Tschilpen der Spatzen und die sehr verschiedenen Kornsorten, wie Roggen, Sommer- und Winterweizen, Hafer, Gerste erklärt der Opa beim Gang durch die schmalen Feldwege. Da findet so etwas wie Heimatkunde statt. Schwalben künden an, wie das Wetter wird. Bei Regen fliegen sie sehr niedrig über die Felder. Der Opa bringt jeden Morgen seiner Klara einen Teelöffel gehackten

Knoblauch ans Bett. Sie soll lange leben und gesund bleiben. Darüber habe ich immer gestaunt. Am Ostermorgen kommt Oma Klara mit Birkenzweigen bewaffnet an mein Bett und ruft: »Schmackoster, Schmackoster, 10 Eier, Stück Speck, sonst geh ich nicht weg.« »Habe ich doch nicht«, rufe ich etwas verzweifelt. Macht nichts, antwortet die Oma. Dann dürfen die Kinder Ostereier suchen. Die Oma hat sie blau, rot und gelb gefärbt.

Für gefangene Fliegen bekomme ich einen Pfennig. Manchmal weckt Oma Klara mich am Morgen. Schließlich muss die Matratze, auf der ich schlafe, aus dem Weg geräumt werden. Meist spricht sie mit mir das Morgengebet:

Wie fröhlich bin ich aufgewacht,
wie hab´ ich geschlafen, so sanft die Nacht,
hab´ Dank Gott Vater im Himmel mein,
dass Du hast wollen bei mir sein.
Behüte mich auch diesen Tag,
Dass mir kein Leid geschehen mag.

Erinnerungen, fest verankert in meinem Kopf.

Legendär sind Klaras Geburtstage. Da kommen dann alle zusammen. Tochter Ilse hat inzwischen zwei Töchter. Sie sitzen an einem großen Tisch, den Klara bei den Wirtsleuten der geschlossenen Kneipe organisiert hat. Es gibt Streuselkuchen und Blümchenkaffee. Der

Streuselkuchen ist natürlich von Oma gebacken. Danach wird das »Große Los« gespielt. Die Kassenführung ist dabei sehr beliebt. Beim Kassenwart bleiben die meisten Dittchen hängen. Auch das Abendessen hat Klara organisiert. Ich erinnere mich an den Kartoffelsalat. Köstlich. Die ehemaligen Wirtsleute mögen offensichtlich Klara auch. Sie machen vieles möglich. Auch das Ostereiersuchen findet in ihrem Garten statt.

Die wunderbare Zeit bei den Großeltern endet nach einigen Monaten. Ich bin sehr traurig darüber und fahre, wenn möglich, an den Wochenenden zu ihnen nach Holderberg. Mittlerweile wohnt meine Familie in Duisburg. Ich muss mit der Straßenbahn zum Rhein fahren, dort mit einem Schiff übersetzen, dann ein Stück mit der Bahn fahren. Es bleiben noch drei Kilometer zu Fuß. Die absolviere ich hopsend auf stillgelegten Bahnschienen. Dann wird gespielt. »Mauscheln« wird mein Lieblingsspiel. Ein paar Dittchen gewinne ich immer. »Wer weint, bekommt das Geld zurück.« Vor allem aber lerne ich dabei Skatkarten kennen. Skat und Doppelkopf begleiten mich lebenslang.

Im Sommer 1952 stirbt Opa Fritz. Ich bin gerade zu einem Schüleraustausch in England und kann daher an der Trauerfeier nicht teilnehmen. Das beschäftigt mich sehr. Fahren? Ich weiß, dass das nicht geht. Fritz Gruber ist 74 Jahre alt geworden. Klara bekommt bald danach eine kleine Wohnung. Sie ist sparsam, die kleine

Rente von Fritz reicht aus. Ich besuche sie später regelmäßig. Klara hat ihren Lebensmut nicht verloren.

Um meiner besten Freundin Ilse diese wunderbare Oma zu zeigen, fahren wir gemeinsam zu Oma Klara. Es werden zwei ereignisreiche Tage. Wir probieren mit Oma deren Hüte aus, lernen Lippenstift kennen und spielen, spielen, spielen. Wir sind 16 Jahre alt. Später wird auch mein Freund Oma besuchen müssen. Meine Hochzeit wird Klara nicht mehr erleben. Urgroßmutter wird sie nicht.

Klara Gruber stirbt am 24. Juli 1959. Sie ist 75 Jahre alt geworden. Ich habe ihre silbernen Kaffeelöffel geerbt. Ich hätte lieber ein paar Gene von ihr bekommen.

Klara lebt weiter. Sie taucht immer wieder in meinem Kopf und sicher auch noch in anderen Köpfen auf. Ihren Grabstein gibt es nicht mehr.

*****

Erna Gruber (1911 - 2003)

Meine Mutter Erna war ein Waisenkind. Ihre Kindheit liegt weitgehend im Dunkel. Sie redete nicht darüber. Wenige Informationen gibt es von Tante Lenchen. Helene Lakowitz ist die älteste Tochter von Ernas Großeltern.

Geboren wird Erna am 14. Mai 1911 in Stallupönen in Ostpreußen. Im August 1914, als sie drei Jahre alt ist, bricht die Kaiserlich-Russische Armee in Stallupönen und Gumbinnen ein. Der 1. Weltkrieg ist in Ostpreußen gelandet. Erna wird zu Verwandten ins Rheinland verschickt. Als sie zurückkehrt, gibt es die Mutter nicht mehr. Sie ist in den Wirren des Krieges in Königsberg unter mysteriösen Umständen verstorben. So jedenfalls die Erzählungen der Verwandtschaft. Der Vater ist dabei, sich neu zu verheiraten. Die Stiefmutter will Erna nicht. Die Vierjährige bleibt bei den Großeltern. Die Großeltern haben acht Kinder. Da kommt es auf eins mehr nicht so an. Helene, die älteste Tochter, wird Ernas Ersatzmutter. Erna schwirrt verloren durch Haus, Werkstatt und Gemüsegarten. Der Großvater ist Seilermeister. Seile werden gebraucht. Erna freut sich, wenn sie ihm helfen darf. Das erzählt sie gern und oft. Die Familie hat so ein Einkommen, dass das Leben der großen Familie sichert. Trotzdem ist bei den Großeltern Sparen angesagt. Das Essen ist knapp. Erna ist sieben Jahre alt, als die Schulen wieder öffnen. Sie ist eine gute Schülerin. Sie hat viel von Tante Helene gelernt. Später empfiehlt der Lehrer den Großeltern, Erna zur Landwirtschaftsschule zu schicken. Der Vater stimmt zu. Er wird das Schulgeld zahlen. Vorher hatte die Stiefmutter angefragt, ob Erna nicht zum Vater kommen wolle. Die Stiefmutter braucht eine tüchtige Hilfe für ihre Ausflugsgaststätte in der Rominter Heide. Tante Helene warnt. »Die braucht nur eine billige Arbeitskraft.« Erna entscheidet sich für die Landwirtschaftsschule. Dort lernt sie alles, was für sorgfältige Haushaltspflege und nahrhaftes, preiswertes Essen wichtig ist. Dem Leiter der Schule gefällt die tüchtige Schülerin. Sie macht einen guten Abschluss. Er stellt sie als »Mädchen für alles« ein. Glück für Erna. Sie lernt schnell. Sie wird bald die Rechnungsbücher der Schule führen, im Unterricht aushelfen und den jungen Frauen zeigen, wie man eine Gans rupft und ausnimmt oder Wurst herstellt. Erna ist ein Allround-Talent.

Fräulein Erna Lakowitz lernt auf einer Feier Herrn Kurt Gruber kennen. Er ist gerade dabei, sich selbstständig zu machen. Er hat eine Kaufmannslehre absolviert, und ein paar Jahre als Buchhändler in Königsberg gearbeitet. Das Gehalt war niedrig. Um sich selbständig zu machen, braucht er eine tüchtige Frau. In Erna Lakowitz findet er sie. Bei beiden ist es wohl auch eine Liebe auf den ersten Blick.
Kurt hat ein passendes Ladenlokal in Pillkallen, später Schloßberg, einer kleinen Stadt nahe der litauischen

Grenze, gefunden. Der Laden liegt am Markt 8. Der Markt umrundet die Kirche. In fast jedem Haus gibt es ein Geschäft. Eine gute Geschäftslage für eine Stadt mit viel Umland. Geld haben sie beide nicht, aber die Bank gibt einen Kredit.

Sie heiraten im Mai 1935. Kurt ist 28 Jahre, Erna 24 Jahre alt. Aus Fräulein Erna Lakowitz wird Frau Erna Gruber. Kinder wollen sie erst bekommen, wenn der Kredit abgezahlt ist. Die Wohnung der beiden liegt direkt über dem Geschäft. Schlafzimmer, Wohnzimmer, Küche, Bad. Den Kredit tilgen sie in drei Jahren. Im Februar 1938 werde ich, Edelgard, geboren. »Leider nur ein Mädchen.« Ein Satz, der über meiner Kindheit schweben wird.

Erna wird für Kurt bald unverzichtbar. Sie ordnet den Haushalt, bringt nach zwei Jahren das zweite Kind zur Welt. Endlich ein Sohn. Sie hilft unten im Geschäft aus, wann immer es Not tut, und übernimmt die Buchführung. Manchmal muss Erna Kurt aus der drei Häuser weiter liegenden Kneipe holen, die ein Freund betreibt. Kurt raucht und trinkt. Er wird schnell jähzornig und ist sehr eifersüchtig. Es kursiert in der Verwandtschaft eine Geschichte, in der Kurt einen Nebenbuhler mit seinem Schirm verprügelt. Der Schirm zerbricht.

Erna dagegen raucht nicht, trinkt nicht. Sie ist bescheiden und sparsam, kann mit Geld umgehen. Das Geschäft floriert. Bald haben sie Geld auf der Bank. Sie denken daran, das Haus am Markt zu kaufen.

Im Jahr 1941 verändert sich die Situation der jungen Familie grundlegend. Kurt wird eingezogen. Er erhält eine Ausbildung zum Funkmessmechaniker und wird in den Harz nach Quedlinburg versetzt. Erna bekommt für Haushalt und Kinder ein junges »Fräulein Meta« zugewiesen. Meine Mutter ist nun allein für das Geschäft zuständig. Fräulein Meta regiert oben tüchtig und streng.

Im Sommer 1943 schafft Erna es, mit mir nach Quedlinburg zu fahren. Der Ehemann und Vater wird besucht. Dies wird für lange Jahre das letzte Mal sein, dass Erna ihren Mann und ich meinen Vater sehe. Der Krieg nimmt weiter Fahrt auf. Erna glaubt immer noch an den Endsieg. Geräusche der Flugzeuge, die Ostpreußen überqueren, erfüllen die Luft. Kondensstreifen verändern den Himmel. Erna schaut sorgenvoll. Neue Waren für den Laden werden seltener. Immer weniger Umsatz. Was wird Kurt dazu sagen? Er ist inzwischen in Frankreich. Seine Briefe beruhigen sie. Es geht ihm wohl gut. Im Sommer 1944 durchqueren Militärfahrzeuge Schloßberg. Soldaten kommen ins Geschäft. Sie brauchen Papier für ihre Briefe an die Eltern, an die Liebste. Im September beginnen sie zu warnen. Das Verbot zu fliehen, wabert durch Ernas Kopf. Dann bekommt sie ein Angebot, auf einem Militärtransporter mitzufahren. Erna muss diese schwere Entscheidung allein treffen. Sie steht minutenlang hilflos im Geschäft, läuft dann ziellos durch die Wohnung. Mitfahren?

Hierbleiben? Was einpacken? Die Sparbücher natürlich, Wertsachen, das Silberbesteck? Das ist zu schwer. Lieber warme Kleidung. Ein Federbett. Der Winter naht mit großen Schritten. Sie packt zusammen. Weckt uns. Wir weinen. Wir müssen viele Kleidungstücke übereinander anziehen. Das Weinen wird zum Schreien. Erna schließt die Wohnung und den Laden ab, wirft einen letzten Blick aufs Haus und steigt mit ihren Kindern in den vor der Tür wartenden Militärwagen. Es ist 4.30 Uhr. Tränen steigen auf. Sie unterdrückt sie. Sie will ihren Kindern, die sich langsam beruhigen, nicht wieder Angst machen. Die beiden schauen jetzt neugierig durch den Wagen. Soldaten in Uniform sitzen da. Sie kümmern sich um die Kinder. Ein wenig Ruhe für Erna. Nach einiger Zeit sinkt ihr Kopf zur Seite. Sie fällt in einen leichten, unruhigen Schlaf. Eine junge Frau, 33 Jahre alt, ist mit ihren Kindern, vier und sechs Jahre alt, auf der Flucht vor den Russen. Sie musste alles stehen und liegen lassen. Ein Alptraum. Was wird Kurt zu ihrer eigenmächtigen Entscheidung sagen?

Bei dieser Flucht werden andere Militärwagen, Fußmärsche, Übernachtungen in Scheunen oder Ställen bei unfreundlichen und freundlichen Menschen folgen. Schließlich landen sie in Potsdam. Dort bekommen sie ein Zimmer zugewiesen. Der Krieg tobt. Nacht für Nacht Bombenangriffe. Erna hastet mit ihren beiden Kindern in den Luftschutzkeller. Der letzte Luftangriff den sie in Potsdam erleben, hält die ganze Nacht an.

Unentwegte Explosionen. Es wird vermutet, dass ein Zug mit Munition explodiere. Am Morgen wird das Ausmaß der Bombardierung deutlich. Als sie die Straße betreten, sehen sie nur noch rauchende Trümmer. Auch ihr Wohnhaus ist zerstört. Was nun? Hilflos schaut Erna um sich. Aber immer noch ist Deutschland organisiert. Hilfskräfte nehmen sich der jungen Frau mit den beiden kleinen Kindern an. Übernachtungen in einem Lager, in einer Halle folgen. Dann geschieht das Unfassbare. Plötzlich taucht in der Menge ein bekanntes Gesicht auf. Sie treffen auf der Straße Tante Hildchen, Hildegard Gruber, die Schwägerin und Tante, die aus Königsberg auch nach Potsdam geflüchtet ist. Sie hat eine Hand für mich mitgebracht. Tage später wird eine Weiterfahrt nach Schleswig-Holstein organisiert. Tante Hildchen schließt sich ihnen an. Es geht über Mecklenburg-Vorpommern nach Havighorst, in ein kleines Dorf in Schleswig-Holstein.

Inzwischen ist das Jahr 1945 angebrochen. Wieder ein Lager mit vielen Menschen. Diesmal ist es ein großer Schulraum, in dem sie untergebracht werden. Die Kinder holen sich Läuse und Krätze. Haare werden geschoren. Köpfe mit einer brennenden Tinktur eingerieben. Es wird gemunkelt, dass auch Ratten und Wanzen unterwegs seien. Möglichkeiten, sich und die Kinder zu waschen, zu baden gibt es keine. Es gibt eine Pumpe auf dem Schulhof. Die aber ist ständig umlagert von Menschen. Erna weckt uns schon sehr früh am Morgen, dann ist die Lage entspannter. Wir können die Pumpe benutzen. Kaltes Wasser, wir weinen.

Allmählich verlassen die Menschen nach und nach das Lager. Sie werden auf die unterschiedlichen Bauernhöfe, Betriebe und Familien verteilt. Tante Hilde landet beim Stellmacher, wir drei bekommen einen Raum in der Schule zugewiesen. Zum Ausruhen bleibt keine Zeit. Sie sind in einem Dorf gelandet. Da ist es eher möglich, Essbares zu organisieren. Eine junge tüchtige Frau mit zwei kleinen Kindern erweckt Mitleid. Kochen kann sie auch. Rübenmus mit gebratenem Speck wird zu unserem Lieblingsessen. Wir können gar nicht genug davon bekommen. Hildchen verdingt sich als Hausschneiderin. Sie arbeitet überwiegend bei den Bauern des Dorfes. Da gibt es immer etwas zu essen. Oft darf sie Essbares mitnehmen. Da fällt auch für die junge Familie etwas ab. Sie kommen erst einmal zurecht, die beiden jungen Frauen. Viele Hamburger mit Rucksäcken durchstreifen das Dorf. Sie bringen Kostbares mit. Schmuck, Porzellan und anderes wechseln den Besitzer für Essbares. In Hamburg muss der Hunger sehr groß sein. Sie haben sich im Dorf eingerichtet. Die Verwandten ihrer Ehemänner wohnen im Rheinland. Die Schwester der Brüder Kurt und Helmut ist dort verheiratet. Sie senden ihre Adressen zu ihr. Die Männer sollen wissen, wo ihre Lieben sind. Ende 1946 landet Kurt in Havighorst. Kurt ist abgemagert, Erna findet, dass er erschreckend aussieht. Er hat einen Lungen- und Leberschuss mitgebracht. Ernas Sorge gilt nun ganz ihrem Mann. Sie ist so glücklich, ihn wiederzuhaben. Sie päppelt ihn auf. Viele Monate ist er ein gebrochener Mann. Er starrt mit leeren Augen vor sich hin. Über seine Erlebnisse redet er nie. Er nimmt sie mit ins Grab. Durch Ernas Liebe und Fürsorge erholt er sich körperlich zusehends. Dass er nicht über seine Erlebnisse redet, macht Erna Sorgen. Allmählich sammelt er Holz im Wald für das Bulleröfchen. Seine Tochter nimmt er mit. Alles andere überlässt er seiner Frau. So fließen die Tage dahin. Den Kindern scheint es gut zu gehen. Ich gehe gerne in die Schule und lerne, mich zu behaupten, gegen die Jungens, die mich wegen der roten Haare verfolgen und beschimpfen. Ich bin eine gute Schülerin. Jedenfalls ist der Lehrer sehr zufrieden. Er hat seine Wohnung gleich nebenan. Mit dem Bruder ist er weniger zufrieden. Er schreibt in sein Zeugnis: »Udo ist oft zuchtlos.« Mutter und Vater sind empört. Die Luft wird dick. Man geht sich aus dem Weg. Ich werde zum Geburtstag des Lehrers eingeladen. Geigenmusik und Torte. Ich bekomme eine Mansarde ganz oben im Haus. Hier darf ich allein wohnen. Unwirklich fühle ich mich zwischen Familie und Lehrer. Aber ich freue mich trotzdem.

Nach der Währungsreform fragt der Bruder von Tante Hildchen an, ob Kurt nicht Lust habe, mit ihm gemeinsam wieder ein Geschäft zu eröffnen. Kurt fährt ins Rheinland. Das Geschäft wird eröffnet. Bald wird die

Familie folgen. Für Erna eine Erlösung. Für uns Kinder wird es schwieriger. Havighorst bot Freiheit, Wiesen, Wälder, Felder, Kühe, Schweine, Hühner und vor allem viele Freunde und Freundinnen, toben inklusive. Wir streunen über Wiesen, durch Felder und Wald. Ein paar Mal rennen Bauern mit Knüppeln hinter uns her. Wir sind schneller.

Im Rheinland wohnen wir erst einmal bei den Schwiegereltern. Das ist nicht leicht für Erna. Die Großbauerntochter Klara schaut auf die Schwiegertochter herab. Sie kocht und organisiert den Haushalt. Erna muss zusehen. Der Schwiegervater mag sie. Das macht es etwas leichter. Erna drängt Kurt, eine eigene Wohnmöglichkeit zu finden. Er hat gerade mit Arthur das Geschäft eröffnet. Er hat andere Sorgen. Seine Schwester Ilse, in Homberg verheiratet, treibt ein Zimmer auf. Auch nicht leichter. In der Drei-Zimmer-Wohnung der Familie sind sie ungebetene Gäste. Das Badezimmer und die Küche müssen geteilt werden. Für die tüchtige Erna eine Qual. Durchhalten, durchhalten und nicht klagen. Auch diese Zeit geht vorüber. Kurt findet ein Zimmer in Duisburg in der Nähe des Ladens. Das macht es ein wenig leichter. Aber die Wohnsituation bleibt die gleiche. Erna hilft im Geschäft mit aus. Das ist für sie eine Wohltat. Wir Kinder gehen zur Schule. Ich muss in die Innenstadt fahren, Schulgeld und Straßenbahnkosten müssen bezahlt werden. Erna spart. Der Vater fordert, dass die Tochter eine Klasse überspringen muss. Schließlich werde sie bald 12 Jahre alt. Die dienende, gehorsame, tüchtige Ehefrau schweigt dazu.

Der soziale Wohnungsbau nimmt langsam Fahrt auf. Im Jahr 1952 bekommt die Familie endlich eine eigene kleine Wohnung. Zwei Zimmer, keine Küche, kein Bad. Die Toilette ist eine Treppe tiefer. Der Geschäftspartner macht krumme Geschäfte. Erna steht im Laden. Erna kümmert sich. Sie schafft es, im Jahr 1956 eine Drei-Zimmer-Wohnung in einem der besseren Stadtteile zu besorgen. Der Wald ist vor der Tür. Der Tierpark ganz in der Nähe. Mittlerweile bin ich 18 Jahre alt und bekomme ein eigenes Zimmer. Erna findet, dass die Tochter sich das verdient hat. Die Schule habe ich abgeschlossen und eine Anlernstelle bei der Stadt Duisburg bekommen. Stenografie, Schreibmaschine und Deutsch. Stenotypistin. Der Vater sagt: »Büro ist gut.« »Du heiratest ja doch.« Erna schweigt. Der Bruder schläft im Wohnzimmer auf der Couch.

Der Vater ist ein Sammler. Er sammelt Enttäuschungen und Ärger, packt aufeinander. Unerwartet für seine Umgebung kommt es eruptionsartig zu einem Ausbruch. Meist trifft es uns Kinder. Nie seine Frau. Ich bin nicht so ordentlich, wie er es sich vorstellt, der Bruder Udo nicht so fleißig, wie er sein sollte. Der Vater reißt Wäsche und Kleider aus meinem Kleiderschrank, wirft alles auf den Fußboden und schreit. Er brüllt. Der Bruder hat wieder einmal nur eine »Vier« mit nach Hause gebracht. Der Vater prügelt auf ihn ein. Er ist aus dem Krieg heimgekehrt als schwerverletzter Mann, psychisch und physisch. Vielleicht entschuldigt das sein Verhalten. Der Vater hat zwei Sätze, die sein Verhalten erklären sollen. Der Satz für die Tochter lautet: »Du heiratest ja doch!« Der Satz für den Sohn: »Du musst einmal eine Familie ernähren.« Damit legitimiert er für sich, mir eine höhere Schule zu verweigern und den Sohn durch Schule und Studium zu prügeln.

Bald habe ich einen Freund. Dem Vater scheint das Angst zu machen. Er will alles und jedes verbieten. Erna freut sich für die Tochter. Der Freund wohnt in einer kleinen Stadt am Niederrhein. Seine Eltern laden mich für ein Wochenende ein. Kurt brüllt. Ich drohe, aus dem Fenster zu springen. Kurt ruft die Eltern des Knaben an. Danach darf ich fahren. Das mache ich nun regelmäßig. Da habe ich ein schönes Zimmer, es gibt einen Fernsehapparat und der künftige Schwiegervater ist ein liebevoller Mann. Ich darf ihm frühmorgens in der Backstube helfen und er erklärt mir, wie man Sauerteigbrot herstellt. Im Hinterhof hat der eine Voliere für Vögel und wunderbare Mirabellenbäume. Dort verbringt er mit mir auch immer mal wieder Zeit, um mir das alles vorzustellen. Außerdem überhört er geflissentlich, wenn sein Sohn auf knarrenden Stufen nachts in mein Zimmer schleicht. Bald geht der Sohn nach Frankfurt und Graz zum Studium. Auch in dieser Zeit fahre ich immer mal wieder zu den Schwiegereltern. Bei meinen Besuchen in Frankfurt verbietet die Zimmerwirtin einen Besuch im Studentenzimmer streng. Aber dort lerne ich den SDS kennen. Der Sozialistische Deutsche Studentenbund besteht überwiegend aus Studenten. Studentinnen haben da eher dienende Funktion. Sie sorgen für das leibliche Wohl. Ich wundere mich schon damals. In Graz ist das anders. Da herrscht Großzügigkeit, was Besuche im Studentenzimmer anlangt.

Es kommt, wie es kommen muss. Nach einigen Jahren erwarte ich ein Kind. Der Bauch rundet sich bald. Es folgt eine schnelle Hochzeit. Immerhin, der Enkel wird noch ein »Sieben-Monats-Kind«. Der Vater reagiert erstaunlich ruhig. Das hat die Mutter erreicht. Die Eltern beherbergen Mutter und Kind noch einige Monate. Mein Ehemann studiert noch. Damit ich etwas verdienen kann, übernimmt Erna den kleinen Jungen. Der junge Ehemann beendet bald erfolgreich sein Studium. Die kleine Familie bekommt 1961 eine Wohnung. Erna freut sich. Kurt äußert sich nicht.

Mein Bruder hat nun endlich auch ein eigenes Zimmer. Er wird von unserem Vater durch sein Studium getrieben. Udo schafft sein Examen. Er heiratet bald. Zwei Kinder werden geboren, eine Tochter und ein Sohn. Die Ehe wird scheitern. Er trinkt und raucht viel zu

viel. Er macht Schulden. Sein Selbstbewusstsein wurde zerprügelt. In Kneipen gibt er Runden für das ganze Lokal aus. Das wird natürlich gerne angenommen. Seinem Selbstbewusstsein hilft das nicht. Die Eltern bezahlen seine Schulden. Nach wenigen Jahren heiratet ein zweites Mal. Im Beruf scheitert er.
Er übt dann eine freiberufliche Tätigkeit aus. Sein Verhältnis zu mir ist schlecht. Er stirbt mit 58 Jahren an einem Hirnschlag. Seine Kinder hat er nach der Scheidung nicht wiedergesehen. Seine erste Frau hat jeden Kontakt unterbunden. Ein unglücklicher Mann.

Für Erna beginnt nach dem Auszug des Sohnes ein zufriedenes, ruhiges Leben. Kurt hat sich von seinem Geschäftspartner getrennt. Erna und Kurt sind tüchtig und fleißig. Ein Geschäft direkt neben einer Realschule sichert in Zeiten der Schulbuchfreiheit ein gutes Einkommen. Das Land Nordrhein-Westfalen bezahlt die notwendigen Schulbücher. Der Diercke-Atlas ist auch dabei. Es gibt wieder Geld auf der Bank. Für Erna wird ein Betrag für die zukünftige Rente eingezahlt. Das macht er, der Kurt. Er will, dass seine Erna im Alter gut versorgt ist.

Der erwachsene Sohn macht weiterhin Sorgen. Sie zahlen weiter seine Schulden. Sie vermissen die Enkelkinder aus der Ehe des Sohnes. Sie sind traurig. Ich will ihre Klagen darüber nicht hören. Ich will auch nicht hören, dass der Sohn aus der ersten Ehe womöglich

von dem neuen Mann stamme und gar nicht ihr Enkel
sei.

Die Symbiose Erna und Kurt festigt sich. Kurt braucht
vor allem Erna. Trotzdem besuchen mein Mann und
unsere Kinder sie regelmäßig. Erna kocht mit Begeiste-
rung. Der Schwiegersohn liebt besonders ihre eingeleg-
ten sauren Heringe, ihr Rinderschmorbraten findet reißenden Absatz. Marzipan- und Mohnstollen, ihre
Weihnachtsplätzchen, ihr Eingemachtes, ihre Marmela-
den sind etwas Besonderes. Erna macht die Buchführung, führt das Geschäft, Kurt macht den Außendienst.
Er sorgt für Aufträge. Unser Kontakt ist gut. Kein
Weihnachten ohne mich, meinen Mann und die beiden
Kinder. Ich helfe beim Schulbuchgeschäft. Dafür bekomme ich einen Pelzmantel. Einen langen Persianer
mit Goldknöpfen.

Die 68er Jahre verändern vieles. Ich gewinne an Selbstvertrauen und lege mir einen Liebhaber zu. Außerdem
möchte ich studieren. Erna überredet Kurt, mir zu helfen. Die beiden schließen ihr Geschäft und übernehmen die Kinder in unserem Haus. Sie ermöglichen mir
ein sorgenfreies Studium. Kurt ist stolz, als ich das Studium erfolgreich abschließe und eine sehr gut bezahlte
Stelle erhalte. Wiedergutmachung?
Die Welt könnte nun für die Eltern in Ordnung sein.
Aber die Sorgen um den Sohn bleiben. Als ich mich
scheiden lasse und den neuen Mann präsentiere, einen

Offizier statt eines Sozialdemokraten, blickt der Vater zufrieden. »Gut gemacht, Kurt«, sagt er sich wohl.

Im Jahr 1985 stirbt mein Vater an einem Herzinfarkt. Er ist 76 Jahre alt geworden. Für Erna viel zu früh. Es gibt Fotos von der Beerdigung. Erna schaut mit leeren Augen verloren um sich. Viele Menschen kümmern sich. Die Nachbarin, die Schwägerin, die Ostpreußen, die Kirchengemeinde und natürlich die Tochter. Einmal im Monat besuche ich die Mutter für ein Wochenende. Aber Erna verfällt zusehends. Ich engagiere eine Hilfe, die viermal in der Woche Erna betreut. Erna geht jeden Tag an Kurts Grab. Meist hat sie Begleitung. Ich schenke ihr ein Tagebuch und bitte sie, jeden Tag etwas einzutragen. Zunächst erfüllt sie das gewissenhaft, schreibt mir auch Briefe.

Im Jahr 1991 wird Erna 80 Jahre alt. Der Geburtstag wird mit den ihr vertrauten Menschen gefeiert. Reden werden gehalten. Ich halte eine Rede auf meine Mutter, in der ich Stationen ihres Lebens beschreibe.
Sie beiden Enkel, die die liebevolle Oma und ihr gutes Essen sehr schätzen, haben sich etwas Besonderes ausgedacht.

Ihre launige Rede soll hier wiedergegeben werden.

Oma ist ein seltsames Wort.

Es kommt in Worten wie Automaten, Aroma, Bromanilinsulfat, und Omar Sharif vor. Um diese Omas geht es jedoch hier nicht.

Wir sind hier zusammengekommen, um die Oma im ursprünglichen Sinne des Wortes zu betrachten. Was ist eine Oma eigentlich? Ist sie für sich denkbar, quasi als isolierte Oma? Wohl nicht. Damit eine Oma als Oma erkennbar wird, braucht sie noch etwas anderes. Das ist der Enkel. Wie sie sicher bemerkt haben, kommen wir jetzt zum Kern der Sache: Die Wechselbeziehung zwischen Oma und Enkel, Enkel und Oma. Oma und Oma und Enkel und Enkel. Intensive wissenschaftliche Studien der letzten Jahre haben ergeben, dass Omas nicht ohne Enkel und umgekehrt Enkel nicht ohne Omas vorkommen. Auch zwei Enkel untereinander sind ohne Oma nicht denkbar. Die Betrachtung der Wechselbeziehungen, in denen Omas stehen, führt uns gleich zum nächsten Punkt des Vortrags. Das ist die Charakterisierung der Oma. Diese Charakterisierung wollen wir aus den umfangreichen Aufzeichnungen unseres Instituts eine Oma herausgreifen, nämlich Oma Gruber. Diese seltene Spezies ist dem Laien auch unter dem Künstlernamen Klein-Erna bekannt. Oma Gruber kommt in den unterschiedlichsten Formen, Farben, Funktionen und Rollen vor. Ich darf das Wort nun an meinen Kollegen übergeben, der Ihnen einige Kategorien omarer Tätigkeit vorstellen wird.

Die Sprichwort-Oma

Durch ihre kurzen, aber prägnanten Lebensweisheiten hat sich Oma Gruber ihren Enkeln unauflöslich ins Gedächtnis gebrannt. Mit einem Augenzwinkern gelang es ihr die sichtlichen Ungerechtigkeiten des Lebens geschickt aus dem Wege zu räumen. Höchste Wertschätzung erfährt ihr Ausspruch: »Wer weint, kriegt das Geld zurück«, nachdem sie ihren Enkeln beim Mauscheln das Taschengeld entlockt hatte. Wenn ihre ungeschickten Enkel sich wieder einmal die Knie aufgeschlagen hatte, verstand sie es, ihn mit dem Bonmot »Wenn du heiratest ist der Schmerz vorbei«, zu spontaner Genesung zu verhelfen.

Die Marathon-Oma

Dass Omas konditionsstarke Läuferinnen sind, war bisher kaum bekannt. Oma Gruber bietet hier ein erstaunliches Beispiel. Mit ihren kleinen, aber dafür umso schnelleren Trippelschritten brachte sie im Herbst 1985 ihren älteren Enkel Frank beim Gewaltmarsch um den Decksteiner Weiher in Köln auf 5,5 km in 63 Minuten zur Strecke.

Die Diktat-Oma

Ihre didaktischen Fähigkeiten bewies Oma Gruber bei ihrem an Schreib- und Leseschwäche leidenden Enkel Jan, indem sie ihm für jedes erfolgreiche abgeschlossene Diktat den Gegenwert von 1,- DM bot. Der Erfolg gab ihr Recht: Unter dem starken finanziellen Anreiz verzichtete der Enkel spontan auf das 3. »m« bei »kommen« und das Einfügen von »h´s« in das Wort »nämlich«

Die Lehrer äußerten sich voller Respekt über die angewandte Gruber-Methode.

Die Knigge-Oma

Auch das Einhalten des nötigen Benehmens ist eine der herausragenden Eigenschaften von Oma Gruber. Eine kleine Anekdote gibt uns hier näheren Aufschluss: Zu der Zeit, als Oma Gruber noch den Schreibwarenladen in Wanheimerort leitete, verfiel ihr Enkel Jan – damals kaum 6 Jahre alt – der gleichaltrigen Tochter des ortsständigen Trinkhallen- bzw. Büdchenbesitzers. Erst das energische Eingreifen von Oma Gruber konnte den offensichtlichen Missgriff des Enkels stoppen. »Das ist doch kein Umgang für dich, Jan«, waren ihre Worte.

Die Kohlrouladen-Oma

Ihrem gefräßigen, aber auch körperlich etwas zurückgebliebenen Enkel Frank wusste Oma Gruber durch geschicktes Küchenregime zu Höchstleistungen an Messer und Gabel zu bewegen. Noch heute raunen namhafte Gourmands, dass es Frank am 27. 09. 1973 gelang, acht Kohlrouladen nebst dem obligatorischen »Kartoffelpü« zu verdrücken. Über den Verbleib des Wickelgarns der Rouladen ist nichts Näheres bekannt.

Wir hoffen, dass dieser kleine Querschnitt omarer Leistungen der Festlichkeit des Augenblicks gerecht geworden ist. Als Leiter und stellvertretender Leiter des Instituts für Omare Forschung sind wir besonders stolz, ihnen Oma Gruber zu ihrem 80. Geburts-

tag die herzlichsten Glückwünsche ihrer Enkel Jan und Frank zu überbringen.

Es folgen weitere Reden, ein Fotograf erscheint, fotografiert. Erna und Tochter, Erna und Enkel, Erna und ihre Festgesellschaft.

Vorzügliches Essen, ein Spaziergang im nahe gelegenen Zoo. Erna ist noch anwesend, sie freut sich, lacht, aber manchmal werden ihre Augen leer. Ein festlicher, fröhlicher Tag für Erna. Auch der 90. Geburtstag wird festlich begangen werden. Erna sitzt zwischen den beiden Enkeln. Ihr Körper ist noch anwesend. Die Augen leer. Erna wird 92 Jahre alt werden. Lenchen heißt die Tochter nun. Lenchen, ihre erste Bezugsperson. Viele Jahre Leben mit fortschreitender Demenz.

Am 23. September 1997 besuche ich meine Mutter für ein Wochenende. Ich schenke ihr ein Tagebuch und bitte sie, täglich etwas hineinzuschreiben. Die jeweiligen Daten habe ich eingegeben.
Bis 1998 erfüllt Erna diese Aufgabe gewissenhaft. Erna ist zu diesem Zeitpunkt 87 bzw. 88 Jahre alt.

Erna schreibt fast zwei Jahre beinahe täglich ein paar kurze Sätze auf.
Sie schreibt von Besuchen der Tochter, darüber, dass sie traurig ist, wenn die wieder fährt. Sie berichtet über Friedhofsbesuche zum Grab von Kurt, ihrem geliebten

Mann, auch Besuche in der Kirchengemeinde bereichern ihr Leben. Sie wird von Frau Hageleit auch einer Ostpreußin dazu abgeholt.

Einige ihrer Tagebuchsätze sollen hier wiedergegeben werden:

23. September 1997

Edelgard fuhr heute heim. Ich bin sehr traurig. Es waren schöne Tage mit ihr, nur zu kurz.

Mittwoch, 27. September 1997

Heute um 15.00 Uhr Frauenhilfe. Frau Hageleit hat angerufen. War schön in der Kirche, gesungen und Kaffee getrunken.

28. September 1997

Heute Handarbeitskreis. War sehr schön. Geburtstag gefeiert von zwei Damen.

Die Eintragungen werden kürzer, die Schrift flüchtiger. Sie schreibt, dass das Bein wehtut und die Hand unruhig ist. Noch kann Erna in ihrer Wohnung bleiben. Die Altenhilfe St. Ursula kommt regelmäßig. Die Ostpreußin, Frau Hageleit, holt Mutter zu den wöchentlichen Treffen in der Kirchengemeinde ab. Spaziergänge zum Friedhof macht sie gemeinsam mit Friedel, der Frau des auch verstorbenen ehemaligen Geschäftspartners von Kurt. Die Weihnachtstage verbringt Erna gemeinsam mit mir und ihrem Schwiegersohn Manfred. Sie sind eingeladen nach Wermelskirchen. Dort wird mit der großen Familie Lessing fröhlich gefeiert. Erna feiert mit. Sie scheint die Zeit zu genießen.

Ihre Eintragungen gehen danach weiter.

Dienstag, 26. Dezember - 2. Weihnachtsfeiertag
Edelgard und Manfred fahren heute nach Hause. Nun bin ich wieder einsam und allein. Ich bin traurig. Kragen vom Kleid gewaschen.

Dienstag, 28. Dezember 1997
Fernsehen. Ich bin ein bisschen traurig. Alleinsein ist nicht schön. Nun gehe ich ins Bett. 21.35 Uhr. Mit meinen Gedanken bin ich bei Edelgard.

Die Demenz ist fortgeschritten, hat sich Ernas Kopf bemächtigt. Das Kurzzeitgedächtnis und das Orientierungsgefühl wurden vom Gehirn gelöscht.

Sonnabend, 30. Dezember 1997
Ich bin so einsam. Frau Hageleit ist bei ihren Kindern. Ich bin allein. Habe ich das verdient???
Bin sehr traurig.

Sonntag, 14. Januar 1998
Heute war mir nicht so gut. Vergesslichkeit.
Einsamkeit ist schrecklich, sie macht mich krank.

Es folgt eine lange Pause, für die ich keine Erklärung habe. Erst fünf Monate später, am **14. Mai 1998**, gibt es wieder zwei Eintragungen.

15.00 Uhr, Kaffeetrinken Wilhelmshöhe. War sehr schön. Mit Frank und Jan neuen Abfalleimer gekauft.

15. Mai 1998

Der Geburtstag war schön. Kaffee trinken. Es waren da: Frau Hageleit, Friedel, Frau Bistram, Frau Schneider, Edelgard und ich. Abends waren wir zum Spargelessen. Frank, Jan, Edelgard und Burgi (Freundin von Edelgard) waren meine Gäste. Es war sehr schön.

16. Mai, Himmelfahrt

Edelgard fährt leider nach Hause. Viele Geschenke zum Geburtstag.

20. Mai 1998

Ich habe Angstgefühle.

Danach gibt es keine Aufzeichnungen mehr. Zettel beschrieben mit Telefonnummern. »Bitte um 13.00 Uhr Tablette einnehmen« liegen zwischen den Blättern.

Die Nachbarn rufen an. Frau Gruber vergesse, den Wasserhahn abzudrehen und den Gasherd auch. Das gefährde das ganze Haus. Nun muss ich handeln. Ich löse den Haushalt in Duisburg auf und hole Mutter nach Neumünster. Einige Wochen lebt sie in unserem Haus. Dann finde ich im Ansgar-Stift ein schönes Einzelzimmer. Erna zieht um. Wie oft ist sie schon umgezogen? Erna ist ein Zugvogel. 1998 sind Heime noch nicht für an Demenzerkrankte eingerichtet. Ich finde meine Mutter häufig im Speisesaal. Ihr Kopf liegt auf dem Tisch. Sie schläft. Das hat Erna nicht verdient. Mittlerweile hatte ich an Tagungen über Demenz teilgenommen und habe mich kundig gemacht. Es gibt ganz im Norden in Rieseby ein Modellhaus für an Alzheimer und Demenzerkrankte. Ein Doppelzimmer ist gerade frei geworden. Erna zieht um. Die Nachbarn schenken einen schönen Ohrensessel, der zieht mit. Erna verbringt ihren Tag in einer kleinen Gruppe. Da wird gesungen, gespielt, das Mittagessen wird oft gemeinsam gekocht. Es liegen Mappen mit Sprichwörtern aus. »Wer andern eine Grube gräbt, fällt selbst hinein.« Das klappt wie am Schnürchen. Feste mit den Angehörigen werden gefeiert. Eine Akkordeon-Spielerin kommt wöchentlich. Singen macht den Alltag froh. Ein großer Park gehört zum Haus. Frische Luft schnappen.

Für Erna kommt das fast zu spät. Die Kosten teile ich mir mit meinen beiden Söhnen. Großzügig legt Frank einen größeren Betrag für Massagen auf den Tisch. Erna will nicht. Zuviel Körperkontakt? Erna ist aufgehoben. Ich bin froh. Zwei Jahre wird die Mutter in diesem Haus verleben. Ein Priester, der in einer eigens für ihn eingerichteten kleinen Kapelle unentwegt predigt, ein Schulleiter, der aus dem Fenster im ersten Stock springt, eine Ärztin aus der Charité, die im weißen Kittel und Stethoskop durch die Flure läuft. Manchmal nennen wir das Haus und seine Bewohner »ein komfortables Irrenhaus«.

»Ach, wenn der Herr mich doch zu sich nähme«, sagt Erna oft. Erna stirbt am 15. April 2003. Ich schreibe für den Hospiz-Verein in der Broschüre zu »Sterbenswörtchen« – Gedanken wider die Schweigsamkeit folgende Geschichte:

Rosemarie, Rosemarie

»Ich werde kein Sterbenswörtchen verraten.«
Redewendungen, Sprichwörter, Liedertexte blieben bis fast zuletzt erhalten im Gedächtnis meiner an Demenz erkrankten Mutter. Sie wurde 92 Jahre alt. Ihr Tod war am Ende eine Erlösung.

Gesammelte Sprichwörter, Redewendungen und Liedertexte lagen sorgfältig in Ordner geheftet immer griffbereit im Haus Schwansen, in dem meine Mutter ihre letzten Jahre verbrachte. Ich habe oft nach den Ordnern gegriffen und wir beide, meine Mutter und ich hatten unsere Freude daran, sie aufzusagen, zu ergänzen, sie zu singen.

Hier aber will ich vom Sterben meiner Mutter erzählen.

Ihr Sterben war nicht leicht, es dauerte 14 Tage. Nach ihrem letzten Atemzug aber glätteten sich ihre Gesichtszüge und es fiel mir schwer, zu glauben, dass sie nun wirklich tot ist. Ich hatte viel Zeit, Abschied zu nehmen. Eine weiße Bluse, ein blaues Kostüm, frisierte Haare, ein Sträußchen in den gefalteten Händen, so lag sie zwei Tage im Abschiedsraum. Dort trafen sich für eine kleine Stunde die Menschen, die sie in diesen Jahren begleitet hatten.

»Rosemarie, Rosemarie, sieben Jahre mein Herz nach Dir schrie«, wurde mir von den Pflegerinnen gesagt, war das Lieblingslied meiner Mutter in ihren letzten Monaten. Das Lied wurde angestimmt und die Ersten begannen zu singen. Nach einigen Sekunden des Befremdens kann ich frohgemut mit einstimmen. Zögernd zunächst erzählen dann die Ersten Erinnerungen an Erna Gruber. Manfred und ich stimmen mit ein. Das Vaterunser zum Schluss. Ein Fenster wird geöffnet. Als ich nach einer Kaffeestunde mit einigen Altenpflegerinnen noch einmal meine Mutter besuche, scheint sie verändert. Ich bin keine sehr gläubige Frau. Trotzdem denke ich, dass die Seele meiner Mutter nun endgültig gegangen ist. Sterbenswörtchen, die Trost und Hilfe waren und sind. Am dritten Tag kam der Bestatter und meine Mutter tritt ihre Fahrt in die Auferstehungskapelle nach Neumünster an. Wir stehen an der Tür und winken ihr nach. Zwei Tage später wird Erna Gruber, geb. Lakowitz beerdigt. Die Enkel und der ehemalige Schwiegersohn, Nachbarn, Manfred und ich nehmen Abschied. Gedanken und Geschichten über Erna werden ausgetauscht. Ein schönes, trauriges, fröhliches Abschiedsfest. Erna lebt in Erinnerungen weiter. Oft ist sie ganz nah bei mir.

*****

Hildegard Gruber, geb. Laubach (1915 - 1999)

Hildegard ist eine Dame. Sie neigt zu Hochmut.
Hildegard wird im August 1915 in Königsberg i. Pr. geboren.

Ihr Vater, Albert Laubach, ist Obersteuersekretär. Er dichtet auch. Die Mutter Louise ist nach entsprechender Ausbildung eine tüchtige, ehrgeizige Ehefrau und Mutter von vier Kindern. Sie ist zuständig für das Haus und den riesigen Garten. Louise hat eine kleine Mitgift in die Ehe gebracht. Das stärkt ihre Position. Eine stolze, strenge Frau. Hildegard ist das jüngste Kind. Die einzige Tochter. Ihre Eltern fördern die Bildung ihrer Kinder. Auch die Tochter soll eine gute Ausbildung erhalten.

Hildegard besucht nach der Volksschule von 1926 bis 1932 die Königin-Luise-Schule zu Königsberg – Lyzeum und Studienanstalt. Sie verlässt die Schule nach Abschluss der Obersekunda mit einem genügenden bis mangelhaften Zeugnis. Das Mädchen geht nicht gerne in die Schule. Aber Hildegard muss weitermachen. So besucht sie anschließend von April 1933 bis März 1934 die Helene-Lange-Mittelschule. Wieder ist das Zeugnis nicht gut. In Säuglingspflege bekommt sie allerdings ein »Sehr gut«. Diese Note wird im folgenden noch eine bedeutende Rolle spielen. Es folgt die Höhere Handelsschule. Das Zeugnis wird besser. Sie lernt sogar Russisch. Sie hat 81 Fehltage. Eine Liebe war diese Schule wohl auch nicht.

Hildegard träumt von einem »Märchenprinzen«, von Kindern.

Ihr Vater, der Dichter, schreibt in ihr Poesiealbum:

Mutter sein heißt, selbst
im Schatten zu leben.
Das Leben der anderen aber
mit Licht zu durchdringen.

War das als Abschreckung oder als Ermunterung gemeint?

Hildegard heiratet im August 1940. Der Mann ist zehn Jahre älter als sie. Er heißt Helmut Gruber. Sein Beruf wird als Korrespondent angegeben.

Erna Lakowitz und Hildegard Laubach, heißen nun Gruber und werden Schwägerinnen. Erna vertraut dem Nationalsozialismus, Hildegard Gruber ist überzeugt. In ihrem Nachlass findet sich neben zwei Bildern von Adolf Hitler, dem Führer, auch ein Führungszeugnis von Helmut, das den Beitritt in die Reichswehr und in die S.A. u. S.S. ermöglicht. Ausgestellt ist es am 22. März 1935. Da passten augenscheinlich zwei Menschen zusammen oder auch nicht.

Das junge Paar zieht in Hildegards Elternhaus in eine separate Wohnung. Der Vater ist inzwischen verstorben. Die Mutter braucht dringend Hilfe. Ein großes

Haus mit einem riesigen Garten. Eine Skizze hat die Flucht überlebt. Es gibt einen Hühnerstall mit einem Auslauf-Platz für die Hühner, einen Trockenpfahl und Bleichplatz für die Wäsche, eine Laube, eine Veranda und einen Brunnen.

Im Garten stehen Apfelbäume, die Namen tragen wie Charlanowski, Weißer Klarapfel, Gute Louise von Arranchos, Gelber Böllenz, Schöner von Boskop, Winter Goldparmäne, Jacob Lebel, Kaiser Wilhelm, Cellini, Großer Bohnenapfel, Oldenburger Kallwill, Gelber Edellapfel, Königin Apfel. Schattenmorellen, Williams-Christ-Birne und Blaue Hauspflaume dürfen natürlich nicht fehlen. Viel Platz für die Mutter und die junge Familie. Hildegard wünscht sich nun sehnlichst ein Kind. Das aber will sich nicht einstellen. Die Schwägerin Erna bekommt 1938 und 1940 zwei Kinder. Hildegard hilft bei den Geburten. Sie selber geht leer aus. Das Ehepaar lässt sich untersuchen. Helmut ist zeugungsunfähig. Offensichtlich ist das Folge einer Erkrankung in seiner Kindheit. Ein niederschmetterndes Ergebnis. Hildegards großer Traum von mindestens drei Kindern ist geplatzt. Nach einigen Jahren vergeblichen Wartens und Hoffens entschließt sich das Ehepaar, ein Kind zu adoptieren. Helmut engagiert sich für Volk und Vaterland, bald muss er Königsberg Richtung Frankreich verlassen.

Es gibt einen Brief vom **23. 4. 1944**, nummeriert mit Nr. 40. Im folgenden wird er wiedergegeben:

Vorgestern erhielt ich Deinen Brief vom 15. d. Mts. Die Hauptlast der Gartenarbeit ist nun von Dir genommen, da bin ich richtig froh drüber. Und mit dem Kind scheint es aus Tilsit auch was zu werden. Die Hauptsache ist wohl, daß es gesund ist, gesunde Eltern hat und gerade gewachsen ist. Es ist dort wohl außerehelich geboren. Lebt die Mutter noch? Wie ist es denn nun mit Dir, Liebste, wirst Du dann von Deiner Arbeit frei kommen? Und wann willst Du es zu Dir nehmen? Wie steht es denn mit der Wäsche? Ich bin, wie Du ja weisst, mit der Kindesannahme einverstanden. Die Auswahl wirst Du dort wohl besser treffen können als ich, denn Du hast dort viele Kleinkinder schon um Dich gehabt. Wenn es Dir nicht gefällt, sollst Du es nicht nehmen. Es wird dort wohl noch mehr geben. Ich glaube, ich kann mich da ganz auf Dich verlassen. Aber wenn Du es durchaus für nötig hältst, muß ich während des Urlaubs mit dorthin fahren. Nun, wir können es wohl noch mündlich besprechen. Heute habe ich ein Stück von acht Pfund von einem schon geräucherten Schinken für 61 Mk gekauft, also recht teuer. Aber wenn ich selbst salze und räuchere, verliert das Fleisch ja noch mehr an Gewicht. Ausserdem 2 Pfd Butter für 15 Mk , die ich heute oder morgen schicken werde. In nächster Woche hat man mir noch 4 Pfd Butter versprochen. Bezahlt habe ich sie schon im Voraus. Insgesamt bin ich heute also 106 Mk losgeworden, und mehr hatte ich auch nicht.
Viele liebe Grüsse und Küsse von Deinem Helmut

Das ist offensichtlich der letzte Brief von Helmut. Hildegard hat dann Nachforschungen angestellt. In einem Schreiben des Deutsches Rotes Kreuz-Präsidium findet sich ein Brief vom

16. 11. 1944:

Nachforschung Helmut Gruber, Wetterdienst-Ass., Frankreich Dem Präsidium des Roten Kreuzes liegt eine Mitteilung des Internationalen Komitees vom Roten Kreuz in Genf vor, nach der Ihr/Ihre Angehöriger/Angehörige in Valence/Frankreich kriegsgefangen ist. Heil Hitler! Der Chef des Amtes Auslandsdienst.

Es gibt auch ein Schreiben des Jugendamtes der Stadt Königsberg, in dem unter dem Datum 20. 04. 1944 der Antrag auf Zuweisung eines Pflegekindes vorgemerkt wird. Mitten im Krieg gibt Hildegard ihre Hoffnung auf ein Kind nicht auf. Aber sie wird kein Kind adoptieren. Krieg und Nachkriegszeit lassen den Traum vom Kind zerplatzen. Ich, Gertraud Gruber, werde 1943 sechs Wochen bei ihr sein. Ich erinnere mich an eine sehr schöne Zeit, an Baden in einem großen Holzzuber, an Verse und Gedichte, die ich nie vergessen werde.

»Wenn ich denke dass das Denken der Gedanken mit Gedanken gleich sein soll dem Denken der Gedanken ohne Gedanken, dann komme ich beim Denken der Gedanken mit Gedanken auf den Gedanken, dass das Denken der Gedanken mit Ge-

Ich, damals fast fünf Jahre alt, erinnere mich an ein
schönes Haus mit einem großen Garten. Für den Garten bekam Tante Hilde offensichtlich einen Zwangsarbeiter gestellt. Reichlich Schinken und Butter hatte sie
auch. Was für ein privilegiertes Leben mitten im Krieg.
Das wird sich bald ändern.

Im August 1944 wird Königsberg fast vollständig zerstört. Das Haus der Familie Laubach wird zunächst
verschont. Es liegt am Rande von Königsberg. Immer
noch denkt Hildegard nicht an Flucht. Reichsminister
Erich Koch hat verboten zu fliehen. Hildegard vertraut
ihm. Erst im Januar 1945 erfolgt die Evakuierung Königsbergs. Hildegard und ihre Mutter müssen Königsberg verlassen. Sie reisen privilegiert mit viel Gepäck.
Sie bekommen die letzte Zugverbindung nach Berlin.
Auch in Potsdam erhalten die beiden je ein Zimmer.
Das zufällige Treffen mit der Schwägerin Erna Gruber
ist fast wie ein Wunder. Die beiden Familien setzen die
Flucht gemeinsam fort. Sie landen in Havighorst, einem
kleinen Dorf in Schleswig Holstein. Dort werden sie in
einem Massenlager im großen Schulraum untergebracht. Dann werden die Flüchtlinge, man nennt sie
auch »Polakken«, zwangseinquartiert. Hildegard und
ihre Mutter landen beim Stellmacher des Dorfes. Erna
und die beiden Kinder bekommen ein Zimmer mit
Bulleröfchen in der Schule.

Hildegard wird bald aktiv. Sie verdingt sich bei den Bauern als Hausschneiderin. Dort nimmt sie an den Mahlzeiten der Familien teil. Es bleibt auch immer noch etwas mitzunehmen für die Mutter. Der Lohn ist gering. Die Mutter hält das Zimmer, in dem die beiden wohnen in Ordnung und strickt. Mama lernt spinnen, Hildegard hat ein altes Spinnrad besorgt. Bald spinnt die Mutter auch für andere Flüchtlinge. Schafe verlieren an Stacheldrahtzäunen Teile ihres Fells. Da kommt schon Rohmaterial zusammen. Daraus werden warme Strümpfe, Schals, Mützen. Für den vermissten Helmut entsteht ein Pullover. Hildegard schreibt fleißig Briefe an ihren verschollenen Mann. Sie schickt sie nach Valence, den letzten Standort von Helmut. Antwort bekommt sie nicht. Trotzdem schreibt sie weiter. Helmut ist inzwischen in einem Lager in Montelimar. Irgendwann wird ihm einer ihrer Briefe übergeben. Briefe, später sogar Päckchen, können hin und her gehen. Die Briefe von Hildegard sind erhalten. Helmut hat sie wohl wie einen Schatz gehütet. In den Briefen wird das Leben als Flüchtling in einem kleinen Dorf in Schleswig-Holstein deutlich.

17. 2. 1946

Mein innig geliebter Helmut

Wieder soll dieser Brief an Dich abgehen mit dem großen Wunsch und der Hoffnung, daß er den Weg zu Dir findet. Ich weiß nur, daß Du in Valence einmal gewesen bist, und nun versuche ich eben, dort hinzuschreiben. Ich bin in großer Sorge um

Dich. Dieser Satz klingt so einfach und wieviel Leid und Kummer verbirgt sich dahinter. Ich habe alles verloren und ich bin aber schon auf dem Wege, es zu verschmerzen. Dein ungewisses Schicksal läßt mir Tag und Nacht keine
Ruhe. Fast 26 Monate haben wir uns nicht mehr gesehen und doch bist Du mir immer gegenwärtig. Manchmal glaube ich, Du lebst nicht mehr. ...
Hier als Flüchtling ist unser Los hart genug. Heute kämpfen wir um die niedrigsten Lebensbedingungen. Wir haben ein Zimmer und das Sattessen. Mehr können wir im Augenblick nicht verlangen. Ein Brief von Dir würde mich sogar dann noch glücklich machen. Dieses ist der vierte Brief an Dich. Deine Hildegard und Mama

19. 3. 1946 schreibt sie:

...endlich, endlich ist das erste Lebenszeichen von Dir eingetroffen. Jetzt weiß ich, daß Du lebst und einmal bei mir sein wirst. Nun willst Du gewiß wissen, wie es uns geht. Am 21. Januar 45 verließen wir unsere liebe Stadt mit dem letzten Zug, der Ostpreußen durchfuhr. Den 3. Tag kamen wir in Berlin an. Wir erhielten ein sehr gutes Quartier in Potsdam, wo wir noch trotz aller Angriffe drei Monate eine ganz schöne Zeit erlebten. Ich hatte so viel dahin geschafft, daß wir beide uns ein neues kleines Heim hätten einrichten können. Alles ist fort! Ich bin heute über diesen Verlust noch nicht hinweg. Ich muß es Dir leider gestehen, ich habe nichts mehr für Dich. In Potsdam traf ich Erna und die Kinder. Mit denen haben wir dann, Mama natürlich immer dabei, am 23. April das brennende Berlin verlassen. Mit der Wehrmacht sind wir weiter getürmt und erreichten dieses kleine

Dorf am 30. April 1945. Hier haben wir uns nun niedergelassen und uns schon ein bißchen eingewirtschaftet. Verloren haben wir nun alles. Nur nicht den Mut zu neuer Arbeit und neuem Leben. Seit Weihnachten sind Tante Gretel und Onkel Franz bei uns. Vier Erwachsene in einem Raum. Kurt ist schon hier.

Havighorst den 7. 5. 1946

Mein lieber Helmut,

Heute war endlich, endlich der ersehnte Brief von Dir gekommen! Wie froh und glücklich bin ich doch! Du hast nun seit 1 3/4 Jahr Schweigens wieder bei mir gemeldet. Die quälende Ungewissheit ist endgültig vorüber und nun warte ich mit Ungeduld auf Dein Kommen. Erst dann werden wir beide zur Ruhe kommen. Du ahnst wohl schon, wir es uns ergangen ist. Wir haben alles, alles verloren.

Havighorst, den 19. 5. 1946

…das Papier wird immer knapper und der briefliche Verkehr immer größer. Soeben las ich in der Zeitung, daß Briefe nach Frankreich zugelassen und auch gebührenfrei sind. Nun hoffe ich, daß Dich meine Briefe nun alle erreichen werden. Ich muß nur noch Papier beschaffen. …Tante Gretel aus Berlin hat sechs 10 Pfd Päckchen geschickt. Es ist wohl doch einiges von unserem Eigentum übrig geblieben. Der Inhalt ist Deine Wäsche, die man uns großzügig gelassen hat. Du besitzt jetzt: 2 seidene und ein helles Oberhemd, alles tadellos, 1 dicke Makko-Unterhose (Frottier), 1 dünnere Unterhose und eine mit halbem Bein, 1 Wollbadeanzug, 5 Paar Socken, leicht und gestopft, Taschentücher und 2 Binder, natürlich nicht die besten.

29. 5. 1946

Heute morgen um 5 Uhr ging ich mit Kurt nach Reinfeld. Dann mit dem Bus nach Bad Oldesloe. Wir fuhren mit dem ersten Zug nach Hamburg. Kurt wollte zur Handelskammer wegen seiner Geschäftsaussichten und ich zur Bank der Ostpr. Landschaft. Sie ist in einer anderen Bank untergebracht. Uns zahlt man monatlich 150,-RM aus. Bisher habe ich auf diese Weise 1300 RM abheben können. Mit einer Wohnung ist es in nächster Zeit nichts. Arbeitsaussichten furchtbar schlecht. Die Fabriken werden abgebaut als Reparationsleistungen. Allerdings will man das jetzt lassen, da die Gefahr eines wirtschaftlichen Zusammenbruchs dann unabwendbar ist. Rußland bekennt sich nicht zur wirtschaftlichen Einheit Deutschlands. Vielleicht wird man die engl. amerikanische und franz. Zone zusammenfassen. Für uns ist dieser Ost/West-Block sehr gefährlich. Wir sind bald am Ende. Die Nachrichten aus unserer Heimat sind niederschmetternd. Wo ist unser blühendes, reiches Ostpreußen geblieben. Unser Haus hat auch einen Treffer bekommen. Es ist gut so!! Deine Hildegard

Bis zum Jahr 1947 werden viele Briefe folgen. Hildegard schreibt durchschnittlich zwei bis drei Briefe wöchentlich. In den Briefen findet sich Erstaunliches. Hildegard ist sehr interessiert an der wirtschaftlichen und politischen Entwicklung Deutschlands:

»Wir waren nach Hitler ein Volk ohne genügenden Lebensraum. Was würde er heute von unserer Lage sagen. Es ist doch weiser und für ein Volk fördernder, einen Vergleich zu suchen. Es hat

den Vorzug weniger kostspielig zu sein. Hitler war stolz, setzte alles großzügig auf eine Karte, wir mußten gehorchen und müssen es jetzt ausbaden.«

Zweimal in der Woche hat sie Gelegenheit, eine Zeitung zu lesen. Sie scheint immer informiert zu sein. Hildegard klagt viel. Große Sorgen macht sie sich um die Kleidung für Helmut. Aus einer Wolldecke soll ein Mantel für ihn entstehen. Strümpfe strickt die »Mama« reichlich. Die Klagen um einen verlorenen Anzug für Helmut nehmen kein Ende. Mama und Hildegard sind sehr fleißig. Ährenlesen, Kartoffeln und Holz für das Bulleröfchen sammeln, das nimmt einen breiten Raum ein. Später bekommen die Familien dann ein Stück Acker. Mutter und Tochter sind durch ihren großen Garten in Königsberg mit Gartenarbeit vertraut.

Es gibt auch Bemerkungen über Erna und Kurt Gruber. Nicht gerade positiv. Auszugsweise sollen sie hier wiedergegeben werden:

25. 8. 1946

»Heute kam es zwischen Kurt und mir zu einem Zusammenstoß, nicht schlimm, aber schön war es nicht. Erna und ich haben wieder einmal an unserer Zukunft gebaut, wobei Kurt sich beleidigt fühlte. Dein Bruder führt jetzt hier seit 9 Monaten das Leben einer Hausangestellten. Er räumt das Zimmer auf, sorgt für die Schuhe, mahlt Korn und so weiter und so weiter. Er hat sein

Sattessen und sein bequemes Leben. Ja, aber dafür ist ein Mann nicht da. Er muss doch eine neue Existenz suchen. Er träumt von einem Laden, wo er als »Herr« sein bequemes Leben weiterführen kann. Er ist zu keiner Sache zu bewegen. Erna hat natürlich Sorgen. Die Kinder werden größer. Edelgard lernt gut und es wäre schade, wenn sie auf die höhere Schule verzichten müsste. Für mich ist so ein Mann einfach ein Greuel. Ich verachte ihn und kann ihn nicht leiden. Wenn er zu einer Arbeit aufgefordert wird, so muss seine Frau ihn wegen seines »Schusses« befreien und ihn entschuldigen. Nein, mit solchen Männern baut man unser Deutschland nicht auf. Wenn Du herkommst, dann darfst Du mich nicht enttäuschen. Ich würde die Achtung von Dir verlieren und vieles könnte geschehen. Ich glaube aber, dass Du von solchem Leben nicht *befriedigt wärst, denn Du bist an Pflichten gewöhnt. .....Meine ganze Hoffnung setze ich auf Dich. Mit Deiner Heimkehr sollte dieses öde Dorfleben endlich ein Ende haben.*

Hildegard träumt im Brief dann weiter von einer Zukunft für sie als Volksschullehrerin. Sie wird dieses Ziel bald aus den Augen verlieren.
Weiter geht es mit den Klagen um die »liebe Verwandtschaft«.

14. 9. 1946

Wie schwer ist es doch, ohne Kartoffeleinkellerung den Winter zu verbringen. Wenn Du hier dem Bauer fleißig helfen könntest, da hätten wir bestimmt keine Nahrungssorgen. Kurt und Erna verschaffen sich weiß oder auch schwarz rücksichtslos, was sie brau-

chen. Alle beide stehen mir so fremd. Wir sehen uns viel und es scheint alles gut und freundschaftlich. Sie sind beide so falsch und so verschlagen und gönnen mir einfach nichts. Heute weiß ich, warum Du die Gesellschaft Deines Bruders nicht suchtest. Für mich gibt es nur immer ein »ja« oder »nein«. Ich denke nicht erst, was kann man von den Menschen erben. …Ich habe hier viele, die mich gern haben, die Erna aber meiden. Nie würde ich mit ihnen eine gemeinsame Heimat wählen. Besser wäre es, wir hätten die Flucht nicht zusammen gemacht.

19. 8. 1946

Deine Frau ist noch nicht zu alt dazu, einen angenehmen und gut aussehenden Mann wahrzunehmen. Du darfst ruhig daran denken und ein bisschen bangen, es schadet bestimmt nicht. Glaubst Du nicht, ich könnte in der ganzen Zeit keinen Seitensprung heimlich und leise getan haben?
Kurt schreibt alles seiner Schönheit und Unwiderstehlichkeit zu, dass seine Frau ihm treu war. Betrogen wurde er aber doch!

28.3.1947

Das Plätteisen ist hier ein Geheimnis und immer besonders für meine lieben Verwandten Kurt und Erna. Ich muss dauernd auf der Hut sein, dass sie nicht neidisch werden.

Ich habe die Briefe, die Hildegard an ihren Mann Helmut schrieb geerbt. Ich lese sie erschrocken und erstaunt. Die Spannungen zwischen meinen Eltern und Hildegard habe ich nie bemerkt. Zum Vogelschießen hat Tante Hildchen mir ein Kleid genäht. Dem wilden kleinen Mädchen, dass über Gräben und Zäune sprang, die zerrissenen Kleider geflickt.

Dass Hildegard meinen Vater als Heuchler bezeichnet wird bedeuten, dass Kurt »der schöne Schein« immer besonders wichtig war. Erna eines Seitensprungs zu bezichtigen, halte ich für gemein. Ich kann mir vieles vorstellen, aber das das nicht. Falsch und verschlagen?
Ganz gewiss nicht. Die Eltern hatten für zwei kleine Kinder zu sorgen. Die Mutter war besonders tüchtig, sie hat hart gearbeitet. Den Vater nannten einige Menschen in dem kleinen Dorf den »Aufgeschlipsten«.
Er hielt auf seine Ehre, der Preuße Kurt. Er war ein angeschlagener Kriegsheimkehrer. Hausarbeit macht einen Mann in Hildegards Augen zum Feigling und »Nicht-Mann«? Wahrscheinlich war das damals so. Heute erwarten die jungen Frauen genau das. Die Söhne von Manfred und mir können alle kochen, Kinderbetreuung und Hausarbeiten sind für viele Männer heute selbstverständlich.

So dümpelt die Zeit für Hildegard in Havighorst dahin. Abwechslung bringen allein ihre Reisen nach Bremen und Nordrhein-Westfalen zu den Verwandten. Der

Briefwechsel zwischen Hildegard und Helmut beschert kleine Freuden. Die Enge und das ständige Beisammensein mit der Mutter, einige Wochen später kommen noch Onkel Franz und Tante Gretel für ein paar Monate hinzu. Sorgen um die Ernährungslage, vor allem um Holz für das Bulleröfchen machen ihre Situation auch nicht einfacher. Vier Erwachsene in einem Raum. Die verwöhnte junge Frau leidet zunehmend mehr. Das Holz sollte gefälligst Helmut im Wald suchen. Aber der ist noch immer in Montelimar. Dort sorgt er für die Verteilung der Versorgungsgüter, die Frankreich für die Gefangenen zur Verfügung stellt. Was er wohl sonst da noch macht?

Endlich, endlich im Herbst 1947 erreicht Helmut Havighorst. Das Paar hat sich entfremdet. Stille breitet sich zwischen dem Ehepaar aus. Vorwürfe über ihr schweres Leben ohne Mann und Kinder machen sich breit. Auch der gute Kontakt zwischen Kurt und Helmut stört sie. Ach, diese liebe, falsche Verwandtschaft. Helmut und Kurt gehen ab November 1947 zum »Kästchenkleben« nach Reinfeld. Sieben Kilometer zu Fuß hin, sieben Kilometer zu Fuß zurück. Sie sind dann den ganzen Tag fort. Das mitgebrachte Kästchen für den wenigen Schmuck tröstet da auch nicht. Hildegard hadert mit ihrem Leben. Sie will raus aus Havighorst. Helmut mahnt zum Abwarten. Abwarten, worauf? Dann endlich, endlich. Am 20. April 1948 wird die Währungsreform ausgerufen. 40 Reichsmark können gegen 40 Deutsche Mark eingetauscht werden. Plötzlich hat selbst das kleine Lädchen in Havighorst wieder Brot und Lebensmittel. In Reinfeld und Bad Oldesloe sind die Schaufenster gefüllt.

Die wirtschaftliche Entwicklung Deutschlands geht voran. Bankguthaben sind verfügbar. Sie können bis zur Hälfte im Verhältnis 10:1 abgehoben werden. Was tun? »Erst einmal vorsichtig sein«, mahnt Helmut. »Warum?«, hadert Hildegard. Sie wird recht behalten. Schon ab Oktober gibt es für 100 Reichsmark nur noch 6,50 DM. Wenig später werden die Sparer enteignet. Die Militärregierung setzt ersatzlose Streichung durch. Aus der Traum. Wohl dem, der schon umgetauscht hatte. Weihnachten und Sylvester 1947/48 feiert die Familie Erna und Kurt Gruber mit den Kindern Gertraud und Udo und dem Ehepaar Hildegard und Helmut mit Mama gemeinsam. Tante Hildegard schreibt in das von Vater Kurt mit Monogramm E.G. aus Stroh, Militärstoff und Pappe gefertigte Poesiealbum:

Frei sei der Geist
Fröhlich das Herz
Heilig die Pflicht

Das mit dem »fröhlichen Herzen« schafft Hildegard jedenfalls nicht. Auch Sylvester 1948/49 feiern die Grubers noch gemeinsam. Wunderkerzen werden abgebrannt. Die gibt es jetzt auch wieder.

Im Jahr 1949 wird sich Hildegards Traum, Havighorst zu verlassen, endlich erfüllen. Helmut bekommt ein Angebot von einer Bank in Oldenburg in Oldenburg. Er fährt zunächst allein. Die Bank will auch eine kleine Wohnung besorgen. Hildegard lebt auf. Jetzt kann sie Kurt und Erna übertrumpfen. Und wirklich. Im Sommer 1949 verlässt sie mit Mutter das kleine Dorf. Die Wohnung in Oldenburg wartet. Das nötigste an Möbeln ist vorhanden. Die Mutter bekommt ihre Pension wieder. Auch finanziell geht es bergauf.

Das Glück währt nur kurz. Die Mutter erkrankt schwer. Sie wird bettlägerig. Hildegard wird zur Pflegerin. Die Pflege zieht sich hin. Hildegard ist an die Wohnung gebunden. Das zieht sich bis in die 60er Jahre hin. Hildegard muss ihre Zukunftspläne für eine eigene Berufstätigkeit vergessen. Helmut verdient gut. Die Pension der Mutter steigt. Geld ist vorhanden. Es kann gespart werden. Die Mutter wird kurz vor ihrem 75. Geburtstag sterben. Hildegard fühlt Erlösung. Aber was nun? Helmut wird nach Hannover versetzt. Das Ehepaar sucht eine Wohnung. Sie finden eine Wohnung, kaufen sie. Die Lage der Wohnung ist nicht so, wie Hildegard es sich gewünscht hätte. Kein Grün, gegenüber eine Fabrik. Nette Nachbarn trösten ein wenig. Hildegard beginnt Schmerztabletten zu nehmen.

Sie hat Schmerzen, die die Ärzte nicht erklären können. Langeweile macht sich breit, Urlaube erhellen die Zeit, verlieren sich schnell. Noch mehr Langeweile. Neben der Arbeit interessiert sich Helmut für Philosophie. Er ist immer beschäftigt. Er füllt mehrere Kladden mit seinen Gedanken. Helmut ist beschäftigt. Hildegard langweilt sich, nimmt Tabletten. Schmerztabletten machen Schmerzen. Der Tablettenkonsum steigert sich. Mehr Schmerzen. Helmut stirbt früh. Er wird nur 66 Jahre alt. Er stirbt an einem Herzinfarkt, plötzlich und unerwartet. Hildegard ist Witwe. Hildegard lebt auf. Sie beginnt zu reisen. Klappert die Verwandtschaft ab. Helmut war ein Stubenhocker. Das Reisen verliert bald an Reiz. Sie merkt, wie allein sie ist. Noch mehr Schmerztabletten.

Ich fahre ein paar Mal im Jahr nach Hannover. Die Kinder von Manfred wohnen dort. Dabei besuche ich auch immer Tante Hildchen. Hildegard klagt. »Die Wohnung muss neu gestrichen werden. Ich bin so allein. Das Einkaufen fällt mir so schwer. Die Nachbarn sind nicht freundlich.«
Sie klagt vor allem über Schmerzen am ganzen Körper. Über den Tablettenkonsum wird nicht geredet. Da helfen keine Hilfsangebote, kein gutes Zureden. Tabletten und Klagen sind zum Mittelpunkt ihres Lebens geworden. Tante Hildegard will Hannover verlassen. Das kommt für mich als Nichte überraschend. Sie möchte in ein Seniorenheim nach Neumünster ziehen. Dort lebt auch die Schwägerin Erna. Dort will sie auch hin. Sie vergisst dabei, dass Erna zunehmend an Demenz

erkrankt ist. Kaum noch eine Gesprächspartnerin. Ich mahne. Hildegard will umziehen. Ich soll die Wohnung verkaufen, die Wohnung ausräumen und Umzug und Heim organisieren. In Neumünster versuche ich Hildegard zu bewegen, sich noch einige andere Heime anzusehen. Hildegard will nicht. Sie bekommt ein schönes, großes Einzelzimmer in einem evangelischen Stift. Das Zimmer von Erna liegt im gleichen Flur. Als Hildegard bemerkt, wie weit Ernas Demenz schon fortgeschritten ist, vermeidet Hildegard jeden Kontakt. Sie verkriecht sich in ihrem Zimmer. Sie verlässt auch zu den Mahlzeiten ihren Raum nicht. Eine Bekannte gewinnt sie, ihr die nötigen Tabletten zu besorgen. Hildegard wird zu einer einsamen, gebrochenen Frau. Sie verlässt ihr Bett immer seltener.

In der Adventszeit 1999 lebt Hildegard ein wenig auf. Sie nimmt an kleinen adventlichen Feiern teil. Am Heiligabend will sie am Gottesdienst teilnehmen. Der findet ein paar hundert Meter entfernt statt. Sie möchte zu Fuß gehen. Ich mahne. Nach wenigen Metern sackt Hildegard zusammen. Ich organisiere einen Rollstuhl. Hildegard ist fröhlich und aufgeräumt. Sie scherzt und lacht, was mich erstaunt und freut. Endlich!, denke ich. Ein letztes Aufbäumen? Ein letzter Griff nach einem Leben, das sie gerne geführt hätte? Hildegard stirbt während des Gottesdienstes.
Sie bekommt ein schönes Grab auf dem Neumünsteraner Friedhof.

Das Grab ihres Mannes Helmut in Hannover ist abgelaufen. Es wird aufgelöst. Der Name von Helmut wird mit auf den Grabstein gesetzt. Später werden die Namen von Kurt und Erna Gruber folgen. Gertraud und Manfred wohnen in der Nähe des Friedhofs. Ein Waldfriedhof für Spaziergänge wie gemacht. Sie werden das Grab mehrmals in der Woche besuchen. Manchmal sprechen sie das Vaterunser. Gertraud stellt sich vor, dass die Vier gemeinsam auf einem Stern in einem sehr entfernten Universum auf sie herunterschauen. Vielleicht freuen sie sich ja über die vielen Besuche.

*****

Edelgard Gertraud Gruber, geb. 1938

Ich bin ein Mauerblümchen.

Ich bin ein Flüchtlingskind. Meine feuerroten Haare unterscheiden mich von meinen Altersgenossinnen. Mein Gesicht, meine Arme und Beine, meine Schultern sind über und über mit Sommersprossen bedeckt. Ich bin weiß-braun-gesprenkelt. Später bleicht »Schwanen-weiß« die braunen Flecken im Gesicht. Braun gebrannt sein ist in. Ich bin weiß-blass. In der Kindheit verfolgen mich Jungens mit Sprüchen wie: »Schon wieder ein Fuchs und keine Flinte«, oder »Rotfuchs, die Hecke brennt, die Feuerwehr kommt angerennt«.

*****

Im Jahr 1944 füllt sich der Marktplatz der kleinen Stadt in Ostpreußen mit immer neuen Soldaten. Schloßberg liegt nahe der litauischen Grenze und wird zum Auffanglager für Soldaten auf dem Rückzug. Der Krieg scheint verloren. Im Juni sind die Alliierten in der Normandie gelandet. Dort ist auch der Vater, erzählt die Mutter voller Sorge. Anfang Juli wird die vierte Armee in einer Kesselschlacht bei Minsk von der Roten Armee vernichtend geschlagen. Es ist Anfang September. Die Wahrheit sickert langsam durch. Der Bevölkerung ist es verboten, zu fliehen. Die Mutter teilt Formulare aus, deren Rückseite beschreibbar sind. Papier gibt es nicht mehr. Postkarten auch nicht. Die Soldaten, die ins Geschäft kommen, warnen eindringlich: »Verlassen Sie die Stadt, nehmen Sie Ihre Kinder und gehen Sie. Die Russen stehen vor den Toren der Stadt.« Dann ein Angebot. Auf einem Fahrzeug im Laderaum ist noch Platz. Die Mutter zögert. Unentschlossen schaut sie nach draußen. Einfach alles verlassen? Eine Entscheidung treffen ohne ihren Mann? Es ist September, ein schöner Herbsttag. In einer langen, schlaflosen Nacht, entschließt sie sich, zu gehen. Einpacken, auspacken, zaudern, verwerfen, weinen. Wenig bleibt mitzunehmen. Abfahrt am nächsten Morgen früh um fünf.

Am 10. September 1944 dringt die Rote Armee in die Stadt ein. Sie wird fast vollständig zerstört. Die Russen sind im Siegesrausch. Sie töten, plündern, vergewaltigen, zerstören. Nur wenige überleben. Sie werden nach Sibirien verschleppt.

Die kluge Mutter hat gehandelt. Verreisen hat sie gesagt. Ich erinnere mich an die Reise zum Vater in den Harz. Ich bin fünf Jahre alt. Aus dem Fenster habe ich zerstörte Häuser und auf dem Bahnsteig weinende Menschen gesehen. »Wir werden ihnen schon zeigen, was eine Harke ist.« Ein Satz der Mutter, der haften bleibt, und mir Mut und Hoffnung macht. Verreisen. Der kleine Bruder kommt diesmal mit. Nur den Teddy darf ich mitnehmen. Mutter aber hat ein Federbett eingepackt. Ich wundere mich. Wozu braucht man auf einer Reise ein Federbett? Ich sollte doch bald in die

Schule. »Auf Dich haben wir gerade noch gewartet, Rotköpfchen.«, hatte der Mann in der Schule gesagt. Wartete er nun nicht mehr? Traudchen, wie die Tanten und Onkel mich nennen, hat viele Fragen im Kopf. »Warum bist Du so traurig?«, fragt sie. »Wohin reisen wir denn?« »In den Westen«, sagt die Mutter. Verreisen in den Westen. Ich nehme meinen Teddy. Eine Hand hat die Mutter nicht frei. Der Bruder, der Koffer, das Federbett. Ich beginne, zu weinen. Wir steigen in einen Militärtransporter. Die Soldaten rücken zusammen, damit die kleine Familie Platz hat.

Erinnerungen an die Flucht sind wie Fotografien. Blitzschlagartig tauchen sie im Kopf auf. Die Bilder erschrecken mich. Ich lerne, die Angstmachenden fortzuscheuchen. Beharrlich kommen sie immer wieder. Ein einsames Haus. Ich biege um eine Hausecke. Weinend laufe ich zur Mutter. »Da fallen Menschen um, weil Soldaten sie erschießen.« »Das sind Feinde«, sagt die Mutter. Die Verstörung bleibt.

Der kleine Bruder ist verschwunden. Die Mutter ist in Panik. Kopflos läuft sie hin und her, verschwindet. Das kleine Mädchen ist allein. Kein Mensch ist da, den sie kennt. Es wimmelt von Menschen, Soldaten, Panzern, Pferdefuhrwerken, hoch beladen. Die Angst wird zur Panik. Sie suchen gehen? Mutter hat gesagt: »Du bleibst genau hier stehen.« Es fällt mir schwer. Ich laufe kleine Schritte hin und her. Militärautos und Menschen verschwinden, andere tauchen auf. Nach einer schier unendlich scheinenden Zeit kommt die Mutter wieder. Den Bruder bringt sie mit. Soldaten hatten ihn zu sich auf den Führerstand gesetzt, den niedlichen kleinen Jungen. Das Gefühl von Verlassenheit, die Angst, ungeliebt allein zu bleiben, wird ein Stück von mir. Auch heute taucht es immer noch auf. Es erklärt vielleicht, warum ich in meinem späteren Leben so schwer loslassen kann. Ich kann es kaum ertragen, wenn ein Stuhl neben mir leer bleibt.

Wir setzen die Flucht in einem anderen Militärfahrzeug fort. Es folgen Übernachtungen in Scheunen, Ställen, bei den Kühen, bei freundlichen und unfreundlichen Menschen. Schließlich landen wir in Potsdam? Dort bekommen wir ein Zimmer mit einem breiten Bett zugewiesen. Jede Nacht verbringen wir in einem Luftschutzkeller in der Nähe. Wenn die Alarmsirenen anfangen zu brüllen, hasten wir los.

Meine Erinnerungen konzentrieren sich vor allem auf einen Morgen, an dem wir auf die Straße treten und nur noch zerstörte, qualmende Häuser sehen. »Wo sind wir hier?«, frage ich. »Das ist der Krieg«, sagt die Mutter. Nach einer langen Nacht in einem stickigen Luftschutzkeller mit unentwegten Detonationen, kein tröstendes Federbett. Das Haus, in dem wir ein Zimmer hatten, liegt in Trümmern.
In der Menge auf den überfüllten Straßen taucht plötzlich ein bekanntes Gesicht auf. Tante Hilde. Was für ein

Zufall! »Kind, wie siehst Du denn aus?«, fragt sie. Ich habe altersgemäße Zahnlücken, und die Sommersprossen sind auch gewachsen. Kein hübsches kleines Mädchen mehr. Aber die Flucht wird gemeinsam fortgesetzt. Tante Hilde hat eine freie Hand für mich mitgebracht. Die Flucht endet in Havighorst in Schleswig-Holstein. Meine Erinnerungen werden deutlicher. Ich bin sieben Jahre alt. Der große Raum der Dorfschule ist gefüllt mit Matratzen. Auf den Matratzen liegen Menschen, dicht an dicht. Mutter, Bruder und ich teilen uns eine. Dann werden die Menschen auf die einzelnen Höfe und Häuser im Dorf aufgeteilt. Zwangseinweisungen. Die Mutter, der Bruder und ich bleiben in der Schule und bekommen dort einen Raum.

Wir werden einige Jahre in Havighorst bleiben. Anfang Juni 1945 ziehen Militärwagen durch das kleine Dorf. Die Soldaten jubeln und lachen. Sie werfen Bonbons und kleine Tafeln Schokolade für uns Kinder herunter. Ich erhasche die Schokolade. Hmm! Es ist wohl die erste Schokolade, die ich bewusst lutsche. Tante Hilde weint und sagt: »Armes Deutschland, das sind Engländer.« Die Mutter schweigt. Ein Stückchen von der Schokolade will sie nicht. Auch die Suppe, die wir an manchen Tagen als Schulspeisung bekommen, schmeckt mir. Nette Menschen, diese Engländer.
Ich bin fast acht Jahre alt, als ich eingeschult werde. Der Lehrer mag mich. Ich werde eine Lieblingsschülerin. Meiner verletzten Seele tut das gut. Ich finde so et-

was wie Gleichgewicht. Auch die Erfahrung, dass ich ein »richtiges« und ein »falsches« Händchen habe, ficht mich nicht besonders an. Alles, was ich bisher mit der linken Hand gemacht habe, bleibt. Aber Schreiben muss ich mit der rechten Hand. Das ist nicht leicht. Einmal schlägt der Herr Lehrer sogar mit einem Stock auf die »falsche« Hand. »Damit Du dich erinnerst, dass das nicht das feine Händchen ist!«

Ich esse weiter mit der linken Hand. Auf dem Feld pflücke ich Kartoffelkäfer von den Kartoffeln, verziehe die Rüben, lerne Strümpfe stopfen und vieles andere mehr. All das kann das schlechte, falsche Händchen. Ich merke das nicht einmal. Schreiben kann ich bald mit dem richtigen und dem falschen Händchen. Der Lehrer lobt mich. Das reicht. Im späteren Leben allerdings gibt es Probleme. Sagt der Ehemann beim Autofahren: »Jetzt rechts«, fahre ich links.

Von einem Tag auf den anderen ändert sich mein Leben. Plötzlich steht ein Mann in der Tür und sagt: »Ich bin euer Vater.« Wir müssen das Zimmer jetzt mit diesem Mann teilen. Ich hasse diesen Vater. Mutter teilt ihr Bett jetzt mit ihm. Der Vater kommt 1946 als kranker Mann nach Havighorst. Er bringt einen Lungen- und Leberschuss mit. Mutters Sorge gilt nun ganz ihrem Mann. Die Dreieinigkeit Mutter, Bruder, Schwester zerbricht. »Der Aufgeschlippste«, heißt er im Dorf. Seine Frau macht die Arbeit. Er sei ein geschlagener, kranker Mann, dem schwere Arbeit nicht zuzumuten sei, meint die Mutter. Der »Schuss« muss für vieles herhalten. Dann zieht plötzlich auch noch »Tante Annchen« in das eine Zimmer ein. Der Lehrer erkennt die Situation des Mädchens. Er sieht die Wut und Angst. Ich bekomme eine kleine Mansarde unter dem Dach. Das Gurren einer Taube weckt mich am Morgen. Ich sehe die Birnen am Birnbaum groß und größer werden, sehe sie reifen. Die Mansarde wird zum Paradies. Auch der Lehrer siedelt sich in meinem Kopf an. Ich werde immer wieder einmal an ihn denken.

Deutschland beginnt sich zu organisieren. Ende 1947 werden die »Flüchtlingsmänner« nach Reinfeld zum »Kästchenkleben« eingeladen. Da werden aus getrocknetem Stroh, Pappe und Militärstoff Schmuckkästchen und andere nützliche und unnütze Dinge gefertigt. Ich bekomme ein Poesiealbum mit meinem Monogramm aus Stroh in der Mitte. Das versöhnt. Der Vater beginnt vorzulesen. Er sammelt mit der Tochter im Wald braches Holz. Irgendwann hat er Kontakt zu seinen ehemaligen Verlagen aufgenommen. Die senden Bücher. Das Flüchtlingskind bekommt seine ersten Bücher. Aus dem »Germanischen Sagenborn« wird der Vater am Bulleröfchen vorlesen. Die »Biene Maja« und »Nesthäkchen und ihre Küken« werde ich später selber lesen. Der Vater hilft beim Schreiben der Aufsätze. Er scheint angekommen zu sein. Mein Misstrauen ihm gegenüber wird bleiben. Havighorst, das kleine Dorf wird trotzdem langsam zur Heimat.

Havighorst

Havighorst, kleines Dorf in Schleswig-Holstein. Wenige Bauern, viele Flüchtlinge. Besitzer: Milch-Kartoffel-
Fleisch-Eier-Fahrrad-Wiesen-Kühe-Pferde-Häuser-
Blumen-Gärten-Möbel Besitzer.
Habenichtse: Das sind Vater, Mutter, Bruder und ich.
»Wir haben unseren Stolz«, sagt der Vater. »Wir können
arbeiten«, sagt die Mutter. Die Mutter tut das. Ich helfe
fleißig. Ährenlesen, die Ähren dreschen, das Korn rös-
ten, in der Kaffeemühle mahlen, Brot backen, Rüben
schnitzeln und Sirup einkochen, ein Schwein halten.
Nachts aufstehen, zum Stall laufen: »Iffi, bist Du noch
da?« Wurst machen, Kartoffeln auf abgeernteten Feldern suchen, Rüben verziehen, braches Holz sammeln,
Champignons auf Pferdekoppeln suchen, Erbsen pflücken. Die Mutter und ich. »Wir haben unseren Stolz
und unsere Ehre«, sagt der Vater.
Havighorst, unendliche Weite, weißblauer Himmel,
Zäune und Jauchegruben zum Hineinfallen. Bauern mit
Knüppeln, zerrissene Kleider, Vogelschießen, Umzug
mit Blumenbögen, Cosmeen, Astern und Rosen, erbet-
telt aus den Bauerngärten. Gute Schülerin, Gewitter-
güsse, lauwarme Pfützen, barfuß auf Stoppelfeldern.
»Jungensmarjell«, sagt Tante Hilde und flickt wieder
mal ein Kleid. Ich gründe eine Mädchenbande. Nach-
gerufene Sprüche wie »Rote Haare, Sommersprossen,
sind des Teufels Volksgenossen«, enden mit Prügeleien.
Ich wehre mich, so gut ich kann.

Trotzdem beginnt in meinem Bauch ein Topf zu wachsen. Traurigkeiten, Ärgernisse, Kümmernisse, vor allem Wut lege ich in diesem Topf ab. Der Topf hat einen fest verschlossenen Deckel. Ein Dampfdruck-Kochtopf. Dieser Topf wird mich bis ins Erwachsenenalter begleiten. Selten merke ich, dass er randvoll ist, der Topf. Er explodiert willkürlich und unerwartet. Der Dampf muss abgelassen werden. Oft trifft er Menschen, die dann völlig ratlos vor mir stehen. Ich werde lernen müssen, Ärgernisse und Kümmernisse rechtzeitig anzusprechen.

In Havighorst bleibt vieles auf der Strecke. An regelmäßiges Hände und Gesicht waschen, sich duschen, baden, Zähneputzen, Finger- und Fußnagelpflege gibt es keine Erinnerung. Es gibt ein Plumpsklo auf dem Hof und ein Waschbecken auf dem Flur. Es gibt keine Zahnbürste, Zahnpasta oder Seife. Wenn überhaupt, wurde die Seife selbst aus Knochen hergestellt.

Im Jahr 1950 endet die Zeit in Havighorst. Die Familie folgt dem Vater. Er hat eine kleine Buchhandlung mit Schreibwaren in einem Vorort von Duisburg eröffnet. Arthur, der Bruder von Tante Hilde, ist sein Partner. Wohnungen gibt es dort nicht. Die Industriestadt Duisburg ist im Krieg sehr zerstört worden. Die Familie schlüpft bei den Großeltern unter. Die haben ein großes Zimmer in einer ehemaligen Kneipe in einem kleinen Ort, der Holderberg heißt. Großmutter, Großvater, Mutter, Bruder Udo und ich in einem Zimmer. Am Wochenende kommt noch der Vater dazu.

Für mich beginnt eine wunderbare Zeit. Großmutter Klara Gruber ist eine Lebenskünstlerin. Sie zaubert schmackhaftes Essen, ist voller Humor und und kennt in schwierigen Situationen immer einen guten, passenden Spruch. Ein Kartenspiel hat die Flucht überlebt. Bald teile ich die Spielfreude von Oma und Opa. Mauscheln, 66, das Große Los. Ich lerne schnell und gern. Die Spielfreude bleibt mir ein Leben lang ein wichtiger Begleiter. Doppelkopf und Scrabble, Scrabble und Doppelkopf.

Es folgen Einquartierungen in Drei-Zimmerwohnungen in Homberg und Duisburg. Küche und Badezimmer müssen gemeinsam mit den Familien, denen die Wohnung gehört, genutzt werden. Eine schwere Zeit, vor allem für die Mutter. »Ungeliebte Gäste«. Die Jahre in Duisburg-Wanheimerort in einem Zimmer werden für mich zur Kampfarena. »Du heiratest ja doch«, dieser Spruch bleibt haften. Ich will eine höhere Schule, aber mindestens eine Mittelschule besuchen. Der Vater sagt: »Nein, Mädchen brauchen das nicht. Du heiratest ja doch! Es kostet Schulgeld. Du musst die Straßenbahn benutzen, das kostet auch!«

Ich werde zur Furie. Ich will. Die Lehrer haben mir Begabung bescheinigt. Der Vater setzt Bedingungen. Ich muss eine Klasse überspringen und einen Teil der Straßenbahn-Strecke zu Fuß gehen. Das wird hart werden. Es wird hart. Ich bin nun wieder das arme, arme Flüchtlingskind. Ich habe gute Grundlagen in Rechnen und Lesen. Ich schreibe fast fehlerfrei. Das habe ich dem hervorragenden Lehrer in Havighorst zu verdanken. So bestehe ich auch die Aufnahmeprüfung. Englisch und Grammatik sind dagegen Fremdwörter. Verb statt Tuwort. »Do you speak English?«. »No!« Ich schaffe es mit Hängen und Würgen und viel gutem Willen der Lehrerin Fräulein Lindecke. Eine begabte Schülerin bin ich nun nicht mehr. Nur noch mittelmäßige Zensuren. Das wurmt.

In den Jahren 1951/1952 nehme ich am Nachmittag am Konfirmanden-Unterricht teil. Ich langweile mich. Fühle mich nicht aufgenommen. Der Pastor redet von Sünden und Auferstehung. Ich verstehe nicht, was er mir sagen will. Ich werde konfirmiert. Nun gehöre ich der Evangelischen Kirche an. Eine Kirche gibt es in unserem Stadtteil allerdings nicht. Der Unterricht findet in einem dunklen Keller statt. Der Raum, in dem konfirmiert wird, ist etwas heller. Immerhin, ich bekomme ein paar Geschenke Es gibt noch ein Foto. Ich trage ein schönes schwarzes Kleid mit Spitzenkragen.

Manchmal betet die Mutter am Abend mit mir:
Lieber Gott, nun schlaf´ ich ein,
schicke mir ein Engelrein,
daß es treulich bei mir wacht,

»Du heiratest ja doch!« Die Weissagung des Vaters nimmt an Bedeutung zu. Wird sich jemals ein junger Mann für mich interessieren? Rote Haare, Sommersprossen sind mein Markenzeichen. Kein schönes Mädchen. Nur keine »alte Jungfer« werden. In den 60er Jahren wird früh geheiratet. Ich bin 15 Jahre alt, als ich durch eine Freundschaftsannonce in der »Constanze« einen Brieffreund kennenlerne. Johannes, heißt der Knabe. Er ist 18 Jahre alt. Er wird mein Märchenprinz. Einer, der genau weiß, was er will: Hoch hinaus. Er liebt das Besondere, so auch rote Haare, Sommersprossen.

Im Jahr 1955 beende ich die Realschule. Ich bekomme ein mittelmäßiges Abschlusszeugnis. Ich bewerbe mich um eine Lehrstelle bei Banken, bei der Sparkasse, bei Firmen und bei der Stadt Duisburg. Ohne eine eingehende Prüfung vorher, bekommt man keine Lehrstelle. Die Bewerberinnen, meist sind es 50-60 Mädchen für fünf bis sechs Lehrstellen, bekommen Aufgaben gestellt, die sie lösen müssen. Ich bekomme keine Lehrstelle. Die Stadt Duisburg bietet mir eine Anlernstelle an. Deutsch, Stenografie, Schreibmaschine. 20 junge Frauen sitzen in einem Raum und werden in diesen drei Fächern von einer Beamtin unterrichtet. Ich schaffe weder viele Anschläge auf der Schreibmaschine, noch sind meine in Stenografie aufgenommenen Texte fehlerfrei. Allein mein Deutsch ist ausreichend. Aber auch hier meint es die Ausbilderin gut mit mir. Ich bekomme nach Beendigung der Anlernzeit, die anderthalb Jahre dauert, eine Stelle im Vorzimmer des Oberbaurates des Planungsamtes. Eine Sekretärin leitet das Büro. Ich bin die Schreibkraft. Die Architekten, Bauingenieure und technischen Zeichner geben mir handschriftliche Notizen, Diktate, die ich in Stenografie aufnehmen muss, sind selten. Wenn ich nachfrage, wird mir freundlich geholfen. Schriften entziffern kann ich gut. Die meist jüngeren Männer mögen mich. Ich fühle mich wohl. Dann erkrankt die Sekretärin schwer und plötzlich muss ich sie ersetzen. Sie hat Krebs und wird nicht wiederkommen. Die Stelle erweist sich als Glücksfall für mich. Die Aufgaben, die nun zusätzlich auf mich zukommen, bewältige ich. Einige der Männer machen es sich zur Aufgabe, meinen Geschmack zu formen. Ich lerne, dass »weniger, mehr ist«. Das wird mich mein Leben lang begleiten. Wenig Schmuck, schlichte Kleidung, sparsame Möblierung der Wohnung oder der Häuser. Kein »Gelsenkirchener Barock«. Nur nicht.

Die Beziehung zum Freund entwickelt sich rasant. Beide haben wenig Geld. Er wohnt in einer 40 Kilometer entfernten Kleinstadt. Oft fährt er die Strecke nach Duisburg mit dem Fahrrad zu mir. Meine erste große Liebe nimmt ihren Lauf. Er macht bald Abitur. Ich nehme am Abiball teil. Vorher führen einige Abiturienten »Die Räuber« von Schiller auf. Mein Liebster spielt einen Räuber. Ich bin so stolz und trage ein hellblaues Kleid mit Stufenrock. Das Oberteil ist kostbar bestickt. Eine Schneiderin hat es mir liebevoll genäht. Es war bezahlbar. Was für ein Geschenk. Ich bin etwas zu fein angezogen, heute würde man overdressed sagen.

Ich besuche ihn oft am Wochenende in seinem Elternhaus. Da ist Platz genug. Nächtliche Besuche in meinem Zimmer sind leicht möglich. Nach dem Abitur geht er zum Studium nach Frankfurt. Am Wochenende fahre ich, wenn es mein Geldbeutel hergibt, nach Frankfurt. Besuche in seinem Zimmer sind nicht erlaubt. Er ist Mitglied im SDS, dem Sozialistischen Deutschen Studentenbund. Die Theorien von Habermas, Marcuse und Adorno stehen im Mittelpunkt der Gespräche. Ich verstehe wenig bis nichts. Mich wundert nur, dass die Studenten diskutieren und die Studentinnen sie mit Kaffee versorgen. In den Semesterferien ist er bei den Eltern zu Hause.

Es kommt, wie es kommen muss. Ich bin 21 Jahre alt, als die monatliche Blutung ausbleibt. Angst steigt in mir hoch. »Ein uneheliches Kind ist eine Schande.«, sagt der Vater oft. Ich springe vom Tisch. Nachdem ich es ein paar Mal versucht habe, kommen mir Bedenken. Was, wenn ich dem Kind schade? Nach einem Besuch bei einer Frauenärztin weiß ich sicher, dass ich ein Kind bekomme. Ich bin im 3. Monat. Jetzt muss schnell gehandelt werden. Der junge Mann spielt mit. Die Trauung findet in der katholischen Kirche im Wohnort der Schwiegereltern statt. Die Schwiegermutter, eine treue Katholikin, hat darauf bestanden, dass wir katholisch heiraten. Ein Kaplan gibt mir Brautunterricht. Wieder verstehe ich wenig. Aber ich muss versprechen, dass ich meine Kinder katholisch erziehe und sie zur Kommunion gehen. Immerhin: Ich darf evangelisch bleiben.

Ein sogenanntes »Sieben-Monats-Kind« kommt auf die Welt. Ein Junge. Ein Neunpfünder mit einem großen Kopf. In meinem Unterleib entsteht ein Riss. Ich muss acht Tage im Krankenhaus bleiben. Mein Kind sehe ich selten. Es wird mir nur zum Stillen gebracht und dann schnell wieder abgeholt. Mein erstes und auch mein zweites Kind werden katholisch getauft werden. Jahre später steht ihre Kommunion an. Ich weigere mich, ihnen kleine dunkle Anzüge zu kaufen. Sie tragen ihre Sonntagskleidung. Das ist mein stiller Protest. Ich spende das Geld, das die Anzüge gekostet hätten dem Kinderschutzbund. Später werden beide aus der katholischen Kirche austreten. Mein Glaube und die katholische Kirche spielen nur eine kleine Rolle in unserem Familienleben. Manchmal bete ich abends oder morgens mit den Kindern.

Die Eltern haben wider Erwarten alles ohne Vorwürfe akzeptiert. Mutter und Kind finden bei ihnen eine erste

Bleibe. Nach einigen Monaten habe ich einen promovierten Ehemann, eine eigene Wohnung, ein Kind. Ein Traum scheint in Erfüllung gegangen zu sein. Aber die Karriere des Ehemannes frisst Zeit, sehr viel Zeit. Ich werde zur alleinerziehenden Mutter. Ich langweile mich. Vier Jahre später bekomme ich ein zweites Kind, wieder einen Sohn. Der Ehemann erreicht zwischenzeitlich ein erstes selbstgestecktes Ziel. Für mich folgt ein privilegiertes Leben. Ein eigenes Haus, genügend Geld. Einen Orgasmus dagegen kenne ich nicht. Ich bin nun Mutter, Hausfrau, Gattin mit Verpflichtungen. Die Kinder gehen zur Schule. Der Ehemann ist unterwegs. Ich werde immer unzufriedener, ich langweile mich.

Die Lust zum Kochen haben mir weder Großmutter noch Mutter weitergegeben. Fischstäbchen aus der Tiefkühltruhe, Pfanni-Kartoffelpüree aus der Tüte. Bei Treffen mit Akademiker-Freunden des Mannes, bei Festen, Bällen glänze ich durch meine Jugend und meine Kleidung. Geschmack habe ich. Das Planungsamt lässt grüßen. Mitreden kann ich immer weniger. Ich beginne zu schrumpfen. Ich mutiere zu »Frau-Nichts-und-Niemand«, zu Frau »Nur-Hausfrau«.

Wo ist das kämpferische Mädchen, das in Havighorst auf Jungen einprügelte, das dem Vater die Realschule abrang, die engagierte, tüchtige Frau, die im Beruf als Sekretärin im Planungsamt und in einem Verlag in Düsseldorf selbständig lektorierte und Artikel schrieb, die

die Geliebten des Chefs telefonisch abservieren musste? Wo ist sie geblieben?

Im Philosophie-Kalender 2022 finde ich für Freitag, 2. September 2022 einen Text, den ich mit Erstaunen lese.

Gegen die Tyrannei des Patriarchats

Die französischen Revolutionäre, denen die Welt doch so viel zu verdanken hat, waren absolute Chauvis. Die von ihnen proklamierten Menschenrechte waren Rechte nur für Männer. Und sie waren der Ansicht, dass es für die Ausbildung der Frauen reiche, wenn sie auf häusliche Aufgaben vorbereitet würden.
Gegen dieses Denken protestierte die in London geborene Schriftstellerin und Philosophin Mary Wollstonecraft (1759 bis 1797). Sie hatte sich schon früh von ihrer Familie gelöst und versucht, vom Schreiben zu leben. Sie wollte »die Erste einer neuen Art« von Frauen werden.
1792 erschien ihr wichtigstes Werk: »Zur Verteidigung der Frauenrechte«. Darin heißt es, Männer und Frauen hätten dieselbe moralische Würde und dieselben intellektuellen Fähigkeiten. Die verbreitete Auffassung Frauen seien minderwertig, entstehe nur, weil ihnen eine ausreichende Bildung vorenthalten werde. Wollstonecraft verlangte Koedukation in der Grundschule und forderte, dass Mädchen und Jungen nach gleichen Grundsätzen unterrichtet und erzogen werden.

Später lese ich, dass auch Friedrich der Große, der 1740 preußischer König wurde, die Förderung von Frauen befürwortete. Unter seiner Regierung studierte die erste Frau Medizin.

Wie ist es möglich, dass ein Vater seiner 11-jährigen Tochter im Jahr 1949 eine höhere Bildung verweigert mit den Worten: »Du heiratest ja doch!«?

Über 200 Jahre nach Mary Wollstonecraft hat sich offensichtlich wenig verändert. Im Jahr 2022 hat sich die Situation für Mädchen und Frauen in Europa in vielen Bereichen zum Besseren gewendet. Aber immer noch hakt es an vielen Stellen. Für mich waren es nicht nur die vielen »Nur-Hausfrau«-Jahre, sondern vor allem auch der Vater, der meinen Aufbruch um mehr als 25 Jahre verhinderte.

Seit meiner Kindheit habe ich Probleme mit meinen Bronchien. Fieberschübe, verbunden mit Husten und Schleimauswürfen behindern mein Leben. Eine Kur auf der Insel Sylt soll helfen. Ich fahre mit meinem Lancia Fulvia – vom Ehemann geerbt – durch Schleswig-Holstein zur Insel. Die alte Sehnsucht nach Land, nach Weite, knallblauem Himmel, frischer Luft, wird wieder lebendig. Havighorst.

Sylt wird mein Leben verändern. Männer scheinen sich plötzlich für mich zu interessieren. Lange Spaziergänge, kleine Zärtlichkeiten in den Dünen. Vor allem aber beginne ich, Zukunftspläne zu machen. Drei Tage vor meiner Abreise lerne ich Manfred kennen.

Bei der Abreise brenne ich schon lichterloh. Mein ganzer Körper kribbelt. Der Abschied ist zärtlich. Er prüft noch den Reifendruck meines Autos und tankt. Wir wollen telefonieren. Die Zukunft liegt im Ungewissen. Manfred wird in meinem Leben noch eine große Rolle spielen, im Guten, wie im Schlechten.

Ich will studieren, will wieder mitreden. Ich habe nur eine »befriedigende« Mittlere Reife. Das ist für ein Studium zu wenig. Ich brauche die Fachhochschulreife. Ich müsste wieder für ein Jahr die Schulbank drücken. Dazu habe ich keine Lust, wohl auch, weil ich befürchte, dass ich in vielen Fächern nicht mehr mithalten könnte. Ich entschließe mich, einen Brief an das Bildungsministerium des Landes Nordrhein-Westfalen zu schreiben. Die Zeit ist günstig. Fachhochschulen werden gerade gegründet. Die 68er haben die Landschaft verändert. Im Jahr 1970 ist so manches möglich. Ich schreibe in meinem Brief, »dass die Erziehung von zwei begabten Jungen, die Unterstützung eines erfolgreichen Ehemannes, das Führen eines Haushaltes wohl etwas mehr beinhalte, als ein Jahr die Schulbank drücken.« Das Wunder geschieht. Ich bekomme die Zulassung zur Fachhochschule. Da hat jemand offensichtlich begriffen, was es heißt „Nur-Hausfrau“ zu sein. War das eine Frau? Hat es diese Anerkennung bisher je gegeben? Wohl kaum. Ich bin 31 Jahre, als ich 1971 mit dem Studium der Sozialpädagogik beginne. Die Eltern wollen etwas gutmachen. Sie schließen etwas vorzeitiger ihren Laden. Sie werden meine Kinder hüten.

Die Beziehung zu Manfred nimmt Fahrt auf. Bald treffen wir uns regelmäßig. Als er zu einem Lehrgang in Schleswig-Holstein ist, beschließe ich, Tante Annchen zu besuchen. Diese führt in Bad Segeberg einem älteren Herrn den Haushalt. Natürlich gilt der Besuch Manfred. Wir schlafen zum ersten Mal miteinander. Einfühlsam erkundigt er sich, wie es denn für mich war. Ich antworte ehrlich.

»Das kriegen wir schon hin.«, meint er. Das hört sich gut an. Tatsächlich, wieder ein Wunder. Ich bin 32 Jahre alt, zehn Jahre verheiratet, habe zum ersten Mal einen Orgasmus. Damit beginnt für mich ein Doppelleben. Die Hormone treiben mich an, spielen verrückt. Ich gehe jedes Risiko ein.

Intermezzo 1

Ich feiere meinen Geburtstag auf Sylt. Ich bin 78 Jahre alt geworden. Es ist Februar. Die Insel empfängt mich und Manfred mit Sonne und fast blauem Himmel. Das Farbenspiel am Strand ist unvergleichlich. Braun und beige der Strand, weiß die Gischt des Meeres, die ans Ufer donnert. Der Himmel pastellfarben. Blau in allen Schattierungen, gemischt mit leichten rosafarbenen Streifen und weißen Wölkchen. Strandhafer wiegt sich im Wind. Ich bin glücklich.

Die Möwen rotten sich am Strand gerade zusammen. Seesterne sind gestrandet. »Ich möchte fliegen«, sage ich zu Manfred. »Fliegst Du mit?«

»Einer muss am Boden bleiben«, antwortet er. Wir lachen. Morgen wird der Sohn mit Lebensgefährtin angeflogen kommen. Wenigstens zwei, die fliegen.

Intermezzo 2

Den 50er und 60er Jahren auf der Spur

Im Jahr 1949 setzt die Abgeordnete Elisabeth Selber, CDU, gegen die eigene Partei durch, dass die Gleichberechtigung in das Grundgesetz der Bundesrepublik Deutschland aufgenommen wird.

Artikel 3 sagt aus: Männer und Frauen sind gleichberechtigt. Die Realität sieht anders aus. Das Ehe- und Familienrecht bestimmt den Mann zum Alleinherrscher über Frau und Kinder. Wenn ein Ehemann und Vater seine Frau oder seine Kinder misshandelt, ist das seine Privatangelegenheit. Die Ehefrau hat jederzeit sexuell zur Verfügung zu stehen. Für Frauen gibt es Leichtlohngruppen. Sie dürfen ohnehin nur arbeiten, wenn der Mann es erlaubt. »Arbeiten, das haben wir doch nicht nötig.« Viele Männer wollen ihre Frau lieber in Abhängigkeit. In meiner Familie ist der Vater uneingeschränkter Herrscher. Bei »Vergehen« der Kinder kommt von der Mutter regelmäßig der Satz: »Das werde ich heute Abend Eurem Vater erzählen.« Er ist die strafende Instanz. Er lässt auch keinen Zweifel, dass ein uneheliches Kind die Frau zur Hure macht. Die Mutter eines solchen Kindes erhielt damals nicht einmal das Sorgerecht. Viel später werde ich zur Kämpferin für Gleichberechtigung der Frau werden.

Ich breche auf.

Im Herbst 1971 kann ich mit dem Studium der Sozialpädagogik beginnen. Ich will zunächst mein Gedächtnis
trainieren. Ich bin ständiger Gast in der städtischen Bü-
cherei. Die liegt in einem Park, direkt neben dem
Lehmbruck-Museum. Ein Ort, sich zu erholen. Dort
kaufe ich mir ein schmales blaues Heftchen. »Deutsche
Lyriker der Gegenwart«, herausgegeben vom Verband
Deutscher Bibliotheken im Dezember 1956. Ich lerne
Gedichte auswendig.

Cognac im Frühling

Ich bin im braunen Cognac-See ertrunken.
Sechs Monde schwimmt mein Leichnam wie ein Fisch,
Mit weißen Bauch noch unversehrt und frisch,
Ein Freund der bittren Angostura-Unken.
Es folgen drei weitere Strophen. Die Vierte lautet:
Tief aus der Erde schallt betrunknes Lallen
Der Würmer, die an meinem Leib geprasst
All meine Knochen sind zu Staub verfallen,
Aus meinem Herzen wächst der Seidelbast.

Das Gedicht ist von Carl Zuckmayer.

Im Jahr 2022 blättere ich den kleinen Gedichtband
noch einmal durch. Die Gedichte sind nicht gerade er-
bauend, aufbauend.

Hier noch eines von Erich Kästner:

Inschrift auf einem sächsisch-preußischen Grenzstein

Wer hier vorübergeht, verweile!
Hier läuft ein unsichtbarer Wall,
Deutschland zerfällt in viele Teile.
Das Substantivum heißt: Zerfall.
Was wir hier stehngelassen haben,
das ist ein Grabstein, daß Ihr´s wißt!
Hier liegt ein Teil des Hunds begraben,
auf den ein Volk gekommen ist.

Warum habe ich, die gerade aufbricht, diese Gedichte ausgesucht? Sollen sie die Stimmung in Deutschland nach den Zweiten Weltkrieg wiedergeben? Sicher. Aber meine Stimmung? Ich trinke nicht, ich rauche nicht, wie das Mädchen meiner Generation so machten. Warum gerade ein Gedicht über Cognac? Über einen Trinker? Ich wollte mithalten, mitreden können. Vorbild waren Männer, nur über sie war Anerkennung möglich.

Ich bin in dieser Zeit begierig nach Bildung. Ich will endlich wieder dazugehören. Ich lese Hemingway, Steinbeck, Heinrich Böll, Thomas Mann und eben auch moderne Gedichte. Mir fällt nicht auf, dass ich nur Männer lese. Um mich auf das Studium vorzubereiten, hätte ich besser Siegmund Freud, Maria Montessori, Margarete Mitscherlich oder Erich Fromm gelesen. Nötig wäre auch ein Nachhilfekurs in Statistik gewesen. Aber zu dieser Zeit wollte ich einfach studieren. Die

Inhalte eines Studiums der Sozialpädagogik kannte ich nicht. Dass es dennoch das richtige Studium wurde, wird sich in der Zukunft zeigen.

Ich bin 32 Jahre alt. Ich bin Studentin, Mutter von zwei Söhnen, Ehefrau, Tochter, Liebende und Geliebte, Gattin mit Verpflichtungen. Ich tanze auf einem Seil. Ich fürchte, irgendwann abzustürzen. Ich werde abstürzen. Doch das liegt noch in weiter Ferne. Briefe zwischen Manfred und mir gehen hin und her. Treffen in Hamburg, Bremen, Bielefeld auf halber Strecke. Schutzengel begleiten mich.

Bei einer Heimfahrt nachts um zwei Uhr falle ich in einen Sekundenschlaf. Als ich aufwache, sehe ich einen LKW direkt vor meinem Gesicht. Eine Vollbremsung rettet mich. Danke Engel! So geht das bis ins Jahr 1973. Die Beziehung zu Manfred überhitzt sich. Eifersüchteleien auf den/die Angetrauten, politische Differenzen, Empfindlichkeiten führen zu Auseinandersetzungen. Ungebremste sexuelle Begegnungen bügeln vieles wieder aus. Mein Ehemann will nicht mehr mitspielen. Er beginnt, die Scheidung zu fordern. Ich will von Manfred Entscheidungen. Ich beginne zu drängeln.
Im Jahr 1974 werde ich mein Examen machen. Ich komme durch. Wie habe ich das nur geschafft? Ich untersuche mit einer Kommilitonin die Kindergartenarbeit der Stadt Duisburg. Wir haben schon den »Situationszentrierten Ansatz« des Landes Nordrhein-Westfa-

len für die Arbeit in Kindertageseinrichtungen im Blick. Die Kindergärten, 96 an der Zahl, die wir befragen, arbeiten themenorientiert. Ostern, Pfingsten, Herbst und Weihnachten sind Lieblingsthemen. Nur wenige arbeiten nach einem Wochen-, Monats- oder Jahresplan. Die beiden Studentinnen verreißen die Arbeit der Einrichtungen. Das passt der für die Arbeit zuständigen Professorin gar nicht. Sie ist der Ansicht, dass Kinder bis zum 6. Lebensjahr vor allem spielen sollten. Eine besondere Förderung tue nicht not. Sie lässt die Arbeit durchfallen. Zwei Professoren sprechen sich für die Arbeit aus. Das erhoffte »Sehr gut«, erreichen wir nicht. Die Arbeit wird mit der Note 2,35 bewertet. Die vielen Befragungen der Kindertageseinrichtungen, das Auswerten und Schreiben der Examensarbeit waren eine erschöpfende Angelegenheit und dann ein solches Ergebnis. Wir sind sehr enttäuscht.

Der Leiter des städtischen Jugendamtes Duisburg erkennt den Wert der Arbeit. Wir bekommen eine Anstellung als Fachberaterinnen für Kindertageseinrichtungen. Im Anerkennungsjahr arbeiten wir halbtags im Kindergarten, nachmittags schon im Jugendamt. Nach dem Anerkennungsjahr bekommen wir eine sehr gut bezahlte und interessante Aufgabe. Ich bin nun »Fachberaterin für Kindertageseinrichtungen« der Stadt Duisburg.
Das alles passiert im Trubel meines Doppellebens. Da die Familie – dort der Geliebte – da die neue Aufgabe.

Es kommt, wie es kommen muss. Meine Ehe wird geschieden. Ich nehme keinen eigenen Anwalt, sondern lasse mich abfinden mit dem, was der Anwalt und mein Noch-Ehemann für richtig halten. Ich werde schuldig geschieden. Dass er auch vielfach untreu war, spielt keine Rolle. Ich bekomme einen kleinen Geldbetrag, verzichte auf das Haus und lasse zu, dass die Ehe vor Jahresfrist geschieden wird. Am 1. Juli 1977 tritt das neue Scheidungsgesetz in Kraft. Danach gibt es kein Schuldprinzip mehr, sondern es gilt das Zerrüttungsprinzip. Damit steht mir kein Unterhalt, aber vor allem auch kein Teil der Altersversorgung für die von mir geleisteten Familienjahre zu. Auch da werde ich mit einem kleinen monatlichen Betrag abgefunden. Ich nehme alles hin. Mir liegt an einer friedlichen Scheidung. Der jüngere Sohn und ich ziehen in ein Hochhaus, das mitten in einer Verkehrsinsel liegt. Lärm umflutet die Wohnung. Jan richtet sein Zimmer ganz in Schwarz ein. Ich bin verwundert, frage nach, aber er besteht auf den Möbeln. Frank bleibt beim Vater, er wird bald das Abitur machen. Eine getrennte Familie. Eines weiß ich nach dieser Scheidung genau: Ich will nie mehr finanziell abhängig von einem Mann sein!

Die Zukunft wird zeigen, dass ich dieses Ziel erreiche. Die Abhängigkeit von jemandem an meiner Seite wird bleiben. Manfred entscheidet sich für seine Familie. Seiner Meinung nach liegt die Schuld allein bei mir. Meine Sexualität sei überhitzt, er habe Angst. Ich habe gelernt, zu funktionieren. Meine Verzweiflung durchlebe ich in den wachen Stunden der Nacht. Ich träume von einem Häuschen im Grünen. Das geht ein halbes Jahr so. Dann steht Manfred plötzlich vor dem Hochhaus und wartet. Natürlich nehme ich ihn wieder auf. Er fährt nun wieder Wochenende für Wochenende viele hundert Kilometer zu mir. Er redet über die Scheidung. Es passiert nichts. Die Entscheidung trifft seine Ehefrau. Sie verlässt ihn. Sie nimmt die beiden Söhne mit.

Manfred hat inzwischen seine Stelle gewechselt. Er lebt jetzt in Schleswig-Holstein. Ich habe keine Zweifel. Der Norden war meine zweite Heimat. Ich beginne mich zu bewerben. Da Sozialpädagogen noch neu auf dem Arbeitsmarkt sind, ist es nicht schwer, eine Stelle zu finden. Ich bekomme drei Angebote mich vorzustellen. Kiel, Heide und Neumünster. Im November des Jahres 1977 fahre ich zum Vorstellungsgespräch nach Neumünster. Da ich zeitig ankomme, kehre ich noch im Café Oldehus ein. Ein nettes kleines Café. Die Kuchen sehen verführerisch aus. Ich esse ein Pastetchen, trinke einen Kaffee und ein Glas Wasser. Dann schlendere ich langsam über den Großflecken zur Familienbildungsstätte. Der Weg ist nicht weit. Ich bin aufgeregt. Ich bekomme ein kleines Mittagessen angeboten. Leider habe ich schon gegessen. Trotzdem, ein sehr freundlicher Empfang. Der Propst des Kirchenkreises, die Leiterin des Nordelbischen Frauenwerks und die jetzige Leiterin der Familien-Bildungsstätte sind anwesend. Der Propst fragt mich, wie es denn um meinen Glauben, meine

Beziehung zur Kirche stünde. Ich antworte ehrlich und sage, dass da seit meiner Konfirmation nicht viel gewesen sei. Ich sei aber willig, meine Beziehung zur Kirche wieder zu intensivieren. Wenig später bekomme ich eine schriftliche Zusage. Ich soll die Stelle zum 1. April 1978 antreten. Ich freue mich. Mir wurde das aktuelle Programm der Einrichtung mitgegeben. Ich bin enttäuscht. Mir scheint das viel zu wenig. Das will und werde ich ändern.

Manfred und ich beginnen mit der Suche nach einer gemeinsamen Wohnung, einem Haus in Neumünster. Wir finden nichts. Ein Haus in Hardebek, einem kleinen Dorf zwischen Bad Bramstedt und Neumünster wird uns angeboten. Das bedeutet, dass wir alle werden fahren müssen. Auch mein bald zwölf Jahre alter Sohn Jan wird ein Gymnasium in Neumünster besuchen müssen. Verkehrsverbindungen gibt es nicht. Wir mieten das Haus trotzdem. Meine Sehnsucht nach Bäumen und Wiesen, nach Kühen und Schafen, nach Feldern, nach einer Umgebung, wie ich sie in meiner Kindheit in Havighorst hatte, steigt wieder hoch. Ich sehne mich auch nach Ruhe vor Verkehrslärm. Wir nehmen das Haus. Wir ziehen um. Ich habe Zeit, Neumünster kennenzulernen. Eine Neumünsteranerin, die ich beim Vorstellungsgespräch kennengelernt habe, wird mich führen. Ich erfahre, dass die Stadt im 19. Jahrhundert eine der bedeutendsten Städte für Textil- und Lederindustrie war. Inzwischen mussten viele Betriebe geschlossen werden. Aber immer noch gibt es zwei große Fabriken für Textilindustrie in der Stadt. Wir gehen an Reihen von kleineren Häusern vorbei, die für die Arbeiter- und Arbeiterinnen gebaut wurden. Früher hatten alle ein Gärtchen und einen Stall. Die Gärten sind geblieben. Die Eingangstüren der Häuser wurden alle individuell und liebevoll gestaltet. Ich staune und höre, dass es Kindergärten für die Kinder der arbeitenden Mütter und einen Mittagstisch gab und gibt. Später höre ich von dort ausgebildeten Frauen, wie vorbildlich die Ausbildung war. Eine ehemalige Direktrice gibt Nähkurse in der Familienbildungsstätte. Die Frauen, die den Kurs besuchen, nähen wunderschöne Kleidung. Da muss ich doch eine Modenschau veranstalten, denke ich. Aber mir fällt auch auf, dass es wenig und auch vernachlässigte Kinderspielplätze gibt. Wie familienfreundlich ist diese Stadt? Einer der Fabrikanten hat seinen Park der Stadt vermacht. Mitten in der Stadt gibt es eine grüne Oase. Sie heißt nach dem Spender Rencks-Park. Ein Platz für Kinder? Vielleicht.

Ich bewundere die beiden von Häusern und Geschäften umrandeten Plätze, die sich Großflecken und Kleinflecken nennen. Ich sehe ansehnliche Häuser, die wohl Ende des 19. oder Anfang des 20. Jahrhunderts gebaut wurden. Dazwischen stehen nach dem Krieg schnell hochgezogene Häuser. Schade. Aber die Stadt wurde im Krieg sehr zerstört. Ich sehe schöne Geschäfte. Mode, Porzellan, Drogerien, Bücher, ein Kaufhaus. Die Stadt gefällt mir. Ich weiß, ich werde gerne hier arbeiten, leben und einkaufen. Auch wohnen würde ich hier gerne. Später entdecke ich den Markt auf dem Kleinflecken, der zweimal in der Woche heimisches Gemüse und Obst anbietet. Viel später werde ich mir eine Grafik kaufen, die sich großer und kleiner Fleck nennt. Sie hängt immer noch direkt im Eingang unseres Hauses. Die Stadt ist mein Zuhause geworden.

Ich werde die Evangelische Familien-Bildungsstätte leiten. Ich weiß wenig über Familienbildung. Ich habe einen Säuglingspflegekurs bei der Mütterschule des DRK in Duisburg absolviert und mir die Familien-Bildungsstätte in Duisburg angesehen. Aber ich werde zum besseren Kennenlernen der Arbeit in die Familien-Bildungsstätte nach Göttingen zum Hospitieren geschickt. Vier Wochen wohne ich bei einer Professoren-Familie, habe eine gute Zeit und lerne einiges. Ich will es trotzdem anders machen.

Im Herbst 1978 muss ich mein erstes eigenes Programm zusammenstellen. Ich will und werde das Vorhandene pflegen und Neues hinzufügen. Erst einmal will ich die Arbeit der Familien-Bildungstätte besser kennenlernen. Ich übernehme eine Eltern-Kind-Gruppe. In diesen Gruppen geht es um die Kinder, aber genau so auch um die anwesenden Mütter. Meist leitet eine Erzieherin diese Gruppen.
Mir geht es auch besonders um die Mütter. Ich wage ein Experiment und bitte eine der Erzieherinnen, eine

Gruppe mit mir gemeinsam zu leiten. So können wir einmal die Kinder gemeinsam mit den Müttern in den Blick nehmen, zum anderen aber auch immer einen kleinen Kreis von Müttern zu bilden, die wir anregen, miteinander ins Gespräch zu kommen. Das klappt erstaunlich gut. So können Erfahrungen mit den Kindern und eigene Befindlichkeiten ausgetauscht werden. Kontakte entstehen. Man verabredet sich. Später erfahre ich, dass sich aus manchen dieser Gruppen enge Beziehungen zwischen den Familien entwickelt haben. Ich nehme an einem Kochkurs teil und lerne, wie man richtig Zwiebeln schneidet, und kann nun zu Hause mit einer Finnischen Fleischpastete, die mit Crème fraîche und Preiselbeeren serviert wird, meine Gäste begeistern. Ich habe wenig Begabung für kreative Kurse. Trotzdem biete ich einen Collage-Kurs an, der ein Erfolg wird.

Im nächsten Programm will ich auf meine Kenntnisse und Erfahrungen mit der Kindergartenarbeit in Duisburg zurückgreifen. Nordrhein-Westfalen hat im Jahr 1972 im sogenannten »Blauen Buch« den »Situationsorientierten Ansatz für Kindertageseinrichtungen« als Leitfaden herausgegeben. Ich habe die Aufgabe, gemeinsam mit meiner Kommilitonin, im Anerkennungsjahr, halbtags eine Kindergartengruppe zu leiten, und nachmittags schon im Jugendamt die Arbeit einer Fachberaterin kennenzulernen. Danach haben wir ihn den Leiterinnen der städtischen Kindergärten vorgestellt und sie ermuntert, ihre Arbeit gemäß den dort vorgegebenen Maßstäben umzustellen. Es geht darum, Situationen, in denen Kinder leben, denen sie ausgesetzt sind, aufzugreifen und in Bildungsarbeit umzusetzen. Projekte wie: »Leben in meiner Familie«, »In die Schule kommen«, »Umgang mit Zank und Streit«, »Mein Weg zum Kindergarten, worauf muss ich achten«, aber auch um schwierige Themen wie »Oma ist gestorben, ich bin traurig« und erste Themen zur Sexualität. Das stößt natürlich auf Widerstände bei einigen Leiterinnen, die von ihrer Arbeit überzeugt sind. Ich merke bald, dass mir noch Werkzeug für diese Arbeit fehlt.

Ich melde mich in Münster zu einer zweijährigen Fortbildung an, die sich »Methodisches Arbeit mit Einzelnen und Gruppen« nennt und an der Akademie für Jugendfragen stattfindet. Die Ausbildung umfasst 60 Kurstage, aufgeteilt in sechs Kursabschnitten. Die Stadt Duisburg stellt mich für die Tage der Ausbildung frei. Die Akademie arbeitet nach dem »Gruppendynamischen Ansatz«. Neben methodischer Arbeit geht es vor allem um Konfrontation. So sitzt die Gruppe gleich zu Beginn der Ausbildung mehr als eine halbe Stunde schweigend beieinander, weil niemand das Gespräch eröffnet.

Ich bin in einer sehr schwierigen Lebensphase. Aber die Gruppe hält mich, auch wenn ich Rückmeldungen bekomme wie: »Die Königin hat ihr Festgewand angelegt.« Ich trage einen Hosenanzug von Rodier aus weißer Wolle. Immerhin: Ich erwerbe eine gewisse Resilienz. Ich lerne neben methodischem Arbeiten mit Erwachsenen, in entsprechenden Situationen Konfrontation und Kritik hinzunehmen, auszuhalten und angemessen zu reagieren. Meine Versuche, mich an einen der anderen Teilnehmer zu klammern, scheiterten. Von Schlagfertigkeit war ich noch weit entfernt. Aber auch das wollte ich lernen. Diese in der Arbeit als Fachberaterin für Kindertageseinrichtungen und in der Ausbildung erworbenen Erfahrungen und Kenntnisse bringe ich mit.

Jetzt will ich Neues wagen.
Ich gehe zum Arbeitsamt und werbe um einen »Grundausbildungslehrgang für junge Frauen«. Das Arbeitsamt stimmt zu. Bald ziehen 15 junge Frauen, meist ohne Schulabschluss, vormittags in die Räume der FBS ein. Das bringt nicht nur Geld für die Familienbildungsstätte, sondern auch qualifizierte Lehrkräfte. Der Überschuss an Lehrkräften in diesen Jahren beschert dem Haus gut ausgebildete Frauen. Der Amtsmeisterin des Hauses gefällt das gar nicht. Als im nächsten Jahr ein zweiter Lehrgang dazukommt, steht ein Umzug in ein eigenes Haus für die Lehrgangsarbeit an. Über diese Arbeit wird noch zu berichten sein. Ein erster Schritt ist getan. Nun sollen weitere folgen. Ich mache noch einmal einen Stadtrundgang. Ich suche nach geeigneten Orten für Familien. Einen Kinderspielplatz in der Innenstadt finde ich nicht. Vor der

Familien-Bildungsstätte gibt es zwar eine große Rasenfläche, aber die darf nicht genutzt werden. Darunter sollen alte Gräber liegen. Neben dem Haus des Kirchengemeindebüros liegt ein dunkler, wohl kaum genutzter Spielplatz. Da könnte doch etwas passieren.

Wie familienfreundlich ist diese Stadt? Ich nenne mein erstes Projekt, das dem situationsorientierten Ansatz geschuldet ist, »Miteinander leben in Neumünster«.
In einer Konferenz der Leiterinnen der Familien-Bildungsstätten (FBS) aus Schleswig-Holstein und Hamburg stelle ich das Projekt vor. Die Leiterinnen aus Bad Segeberg und Pinneberg sind begeistert und ziehen sofort mit. Später werden noch andere Familienbildungsstätten folgen. Ich kaufe Stadtpläne. Ich spreche den Propst und den zuständigen Dezernenten der Stadt Neumünster an, suche die geeigneten Mitarbeiterinnen aus. Das Projekt wird im Kursprogramm ausgeschrieben. Ich lade zu einer Pressekonferenz ein. Der »Holsteinische Courier« und die »Kieler Nachrichten« schicken Journalisten. Die beteiligten Kursleiterinnen und ich stellen das Programm vor. Es wird kleine Spaziergänge mit Müttern und Kindern geben, in der wir in unserer Stadt nach Familien- und Kinderfreundlichkeit suchen und Verkehrsregeln einüben. Danach werden die Kinder ihre Wunschstadt bauen, töpfern oder malen. Es wird eine Suche nach Spielplätzen für Mütter und ihre Kinder geben. Dann wird der Jugenddezernent mit einer Gruppe über die Situation für Familien

in Neumünster diskutieren. Herr Lohse, der zuständige Dezernent sagt zu. Wer Lust hat, wird eingeladen, ein großes Familienfest zu planen. Das Fest wird stattfinden. Die Kinder befragen die anwesenden Männer(!) aus Kirche und Politik. Das Ganze wird ein Riesenerfolg. Herr Lohse gestaltet gemeinsam mit den Kindern den einen Spielplatz um. Wir werden eingeladen, das Projekt auf der NORLA vorzustellen. Die Parlamentarische Staatssekretärin Annemarie Schuster schlägt vor, das Projekt landesweit zum Thema zu machen. Zum Abschluss wird es ein Familienfest im Landeshaus in Kiel geben. Die Familien gestalten ein großes Buffet, dass wir KREADIESCHEN nennen. Die Kinder besuchen das Büro des Ministerpräsidenten und dürfen auf seinem Stuhl sitzen. Was für ein Spektakel.

Ich bin in Neumünster, in Schleswig-Holstein schneller angekommen, als ich gedacht hätte. Einige Jahre setze ich diese Arbeit fort. Dann holen mich Alice Schwarzer und die Frauenbewegung ein. Die Emanzipationswelle schwappt auch in die Familienbildungsstätte. Inzwischen bin ich Supervisorin und habe eine Rhetorik-Ausbildung gemacht. Kurse über Kurse für Frauen. Gesprächskreise, Rhetorikkurse, Kurse zum Wiedereinstieg in den Beruf. Prof. Fthenakis vom Institut für Kleinkindforschung in München reist an. Er macht den Frauen Mut für einen Wiedereinstieg in den Beruf. Sagt wörtlich: »Ein Kind, das mit seiner Mutter allein zu Haus ist, wäre besser in einem Kindergarten aufgehoben.« Da schlagen die Wellen hoch. Eine Podiumsdiskussion zum Thema: »Die Familie der Frauen ist nicht die Familie der Männer« und Abende, an denen bekannte Politikerinnen sich den Fragen der Frauen stellen, laufen über. Ich werde in die Kommission für Frauenfragen des Landes Schleswig-Holstein berufen. Die CDU-Regierung will mit diesem Kreis die Forderungen nach Gleichstellungsbeauftragten in Kommunen und Schule dämpfen. Auch zu Regatta-Begleitfahrten des Ministerpräsidenten werde ich eingeladen. Ich lerne interessante Frauen kennen. Eine Reise nach Finnland, dass als eines der Länder gilt, in denen Frauen gleichberechtigt integriert sind, ist auch sehr interessant. Aber mein Herz schlägt eher links.

Der Kirchenkreis weiß meine Arbeit weniger zu schätzen. Ein Pastor, der der Evangelikalen Richtung angehört, sagt wörtlich: »Nirgends kommt der Teufel so versteckt, wie in der Familien-Bildungsstätte.« Ich lache ihn aus. Es wurmt trotzdem. So bitte ich den Propst des Kirchenkreises um eine Visitation. Er nimmt die Aufgabe gewissenhaft wahr. Wir haben ein gutes Abschlussgespräch. Aber die Predigten in der Kirche von der Kanzel seien das, was Kirche ausmacht. Auch die Stadt Neumünster weiß unsere Arbeit nicht zu schätzen. Wir kümmern uns zu wenig um benachteiligte Gruppen. Sie kürzen ihren Beitrag von 6.000 Mark auf 3.000. Aber der Kirchenkreis, das Land Schleswig-Holstein, die Kursgebühren und das Arbeitsamt geben uns einen sicheren finanziellen Halt.

Die Lehrgangsarbeit mit den jungen Frauen hat sich inzwischen zu einem wichtigen Teil unserer Arbeit entwickelt. Es gibt mittlerweile über 20 Hauptamtliche und mehr als 100 Honorarmitarbeiterinnen.

Die jungen Frauen in den Lehrgängen gehören oft zu den benachteiligten Familien. Häufig sind die Familien Sozialhilfeempfänger. Später heißt das Hartz 4. Im Jahr 2023 wird es zum Bürgergeld. Die Mädchen bringen ihre schwierige Geschichte mit zu uns.

Hier will ich nur einen Fall vorstellen:

Es geht um eine Familie, die von Sozialhilfe lebt. Die Familie hat fünf Kinder, drei Töchter und zwei Söhne. Der Vater hat im Laufe der Jahre seine Töchter für seine abartigen sexuellen Bedürfnisse benutzt. Sobald die Tochter das Alter von 12 Jahren überschritten hatte, wurde sie für ihn »interessant«. Dann musste sie mit ihm das Bett teilen. Er benutzt die Töchter immer abwechselnd. Auch der ältere Bruder wird übergriffig. Die Mutter schaut zu. Erst die Jüngste traut sich, sich einer Lehrerin zu offenbaren. Der Vater wird angezeigt und in einem langen, für die jungen Mädchen unzumutbaren Prozess wird er zu einer Haftstrafe verurteilt. Das spaltet die Familie. Die Mutter und die Söhne wenden sich gegen die drei Töchter. Das Sozialamt übernimmt den Fall. Die Mädchen kommen in Obhut. Die Orte bleiben geheim. Gespräche mit einer Psychologin werden angeboten. Zwei der Mädchen werden eine Ausbildung abschließen. Eines der Mädchen gilt als verschollen.

*****

Die Ehe mit Manfred schlingert in unsicheres Fahrwasser. Ich habe einen Fremdgänger geheiratet. Warum sollte er sich in der Ehe mit mir geändert haben? Aber wie viele Frauen vor mir und nach mir habe ich gedacht: »Bei mir wird alles anders.« Wurde es aber nicht. Eine Affäre folgt der nächsten.

Im Jahr 1983 passiert Folgendes. Ich sitze in meinem Büro. Es klopft. Frau A. tritt ein. »Ich bekomme ein Kind von ihrem Mann!« Frau A. schießt den Satz ohne einen Gruß in den Raum. Nach einer Schrecksekunde bitte ich Frau A., sich zu setzen. Wir kennen uns flüchtig. Manfred und ich waren zu einem Abendempfang bei den A.´s eingeladen. Man ist sich im Ruderclub begegnet. Ich bin gerade in meiner emanzipationsschwangeren Phase, frauenbewegt. Ich schlage Frau A. vor, sich unverzüglich in meinen heimischen Garten zu begeben. Der Wagen von Frau A. wird in der Garage abgestellt. Wir beide wollen den alsbald heimkehrenden Gatten erwarten. Frau A. wird sozusagen der Überraschungsgast sein. Herr A. bekleidet eine leitende Position in einem Chemiekonzern. Die Frau ist, wie ich es war, in einer sehr privilegierten Situation als Gattin und Mutter. Manfred erscheint, erstarrt, geht auf mich zu und küsst mich herzlich, wendet sich dann zu Frau A. und begrüßt diese freundlich. Es genügen einige wenige Sätze. Er weiß nun, was er schon ahnte, dass auch ich es weiß. Es gibt nicht mehr viel zu sagen. Frau A. wird das Kind abtreiben. Später wird ihre Ehe geschieden. Ich hoffe nur, dass Frau A. einen vernünftigen Ehevertrag abgeschlossen hat. Vielleicht reicht ja auch ein eigener guter Anwalt.

Meine große Liebe bröckelt, Stück für Stück.

Standhalten oder flüchten?

Ich fahre erst einmal zur Erholung in eine Schönheitsfarm. Noch eine Scheidung? Ich entschließe mich zum: Standhalten! Schaut da wieder das Trauma des Verlassenseins, Verlassenwerdens um die Ecke. Das Kind in mir beginnt zu weinen, sich zu fürchten, ganz allein zu bleiben.

Ich schätze in dieser Zeit die Gedichte von Friederike Frei. Sie lebt in Hamburg. Ich lade sie ein, in der Familien-Bildungsstätte ihre Gedichte vorzulesen. Eins will ich hier wiedergeben. Irgendwie trifft es auch meine Situation.

LEIDMOTIV

Dein Mann ist dein Ausweis
lebenslänglich
gültig.

Du sollst ihn immer mit dir führen
auf der Zunge
und an der Hand.

Bei Verlust ersetzen
sonst wissen wir nicht
wer Du bist.

Ein Fall für die Nachbarn
eine Chance für die Kirche
ein Fehler im Leben.

Mit mehreren Ausweisen
natürlich eine Verbrecherin

Mit 50 Jahren wechselt auch Manfred seinen beruflichen Status. Er wird Freiberufler. Er wird nach einigen Anlaufschwierigkeiten und einer Zusatzausbildung zur beruflichen Weiterbildung bald genügend Aufträge von der EU und anderen Auftraggebern in der ganzen Welt bekommen. In Usbekistan, Polen, den baltischen Staaten, Afrika, Bayern, Niedersachsen, Mecklenburg-Vorpommern und Schleswig-Holstein. Nach der Wiedervereinigung kommen Seminare für die vielen plötzlich

abgestürzten Männer und Frauen der ehemaligen DDR dazu. Ehemalige Soldaten, Führungskräfte, Parteisekretäre, die nun plötzlich und unerwartet ohne Beruf, fassungslos zu Hause sitzen. Meist sind es Männer. So viel zur Gleichberechtigung der Frau in der DDR.
Manfred ist immer seltener zu Hause. Ich habe auch genug zu tun. Es geht mir gut. Das Beisammensein, die Intimitäten gewinnen wieder an Bedeutung. So scheint Ehe zu funktionieren, er hat seine Aufgabe, ich meine. Die wenige gemeinsame Zeit wird meist wieder zu Höhepunkten in unserem Leben.

Ich bin noch nicht 61 Jahre alt, als ich um Auflösung meines Vertrages beim Kirchenkreis bitte. Die Familien-Bildungsstätte wird in Zukunft unter dem Dach des Diakonischen Werkes weitergeführt werden. Eine Nachfolgerin ist schon in Sicht. Ich bin Rentnerin. Ich entschließe mich, eine Mütterkur in Oberstdorf zu machen. Ich bin 62 Jahre alt. Ich lerne Gertraude kennen. Wir mögen uns auf Anhieb und freunden uns an. Sie ist Mitarbeiterin des Bundesministeriums für Gesundheit, Frauen und Familie. Sie bietet mir Urlaubsvertretungen in Mütterkurheimen an. Bald werde ich mit meinem Auto quer durch Deutschland fahren. Nach Juist, Hinterzarten und Bad Überkingen sind viele Kilometer zu überwinden. Ich lerne noch einmal eine ganz andere Arbeit schätzen. Ich lerne überforderte Mütter kennen, die am Rande eines Zusammenbruchs stehen. Mütter, die neben ihren Kindern noch einen

erkrankten Vater oder eine Mutter pflegen, behinderte Kinder haben, eine schwere Krankheit durchstehen mussten. Die Frauen brauchen Gespräche, Erholung, Hilfe. Die Einrichtungen, die neben den Mutter-Kind-Kur-Heimen nur für Frauen gedacht sind, bekommen Schwierigkeiten. Der Bund will sie nicht mehr fördern. Ich arbeite gerade im Mütterkurheim Bad Überkingen. Wir schreiben die schwierigen Situationen der Frauen auf. Betonen, wie wichtig diese Wochen für die überforderten Frauen sind und schicken sie an das zuständige Ministerium. Wir haben keinen Erfolg. In den nächsten Jahren werden die meisten Häuser geschlossen. Viele Jahre später, werden sie langsam wieder aufgebaut. Offensichtlich sind es immer noch viel zu viele Männer, die die Entscheidungen treffen.
Außerdem biete ich Supervision und Lehrsupervision an. Ich bin ausgelastet.

Manfred und ich werden älter. Die Jahre fliegen dahin. Bald sind wir 70 Jahre alt. Es folgen Ehrenämter. Angebotene Scrabble- und Literaturgruppen finden Anklang. Die Spielleidenschaft nimmt wieder zu. Enkelkinder kommen gerne zu Oma und Opa. Manfred und ich entdecken Kinderbücher und Lieder unserer eigenen Kindheit wieder. Gemeinsame Urlaube in Büsum, Westerland oder in den Alpen erweisen sich als Jungbrunnen. Der »Herbstsuch-Spaziergang« um den Bordesholmer See mit Enkelin Katrin endet mit Pizza-Essen als Höhepunkt. Anschließend fertigen wir jeder ein kleines Heft aus Gefundenem und Erlebtem. Enkel und Großneffe werden zu Piraten und suchen einen Schatz in einem nahegelegenen Busch. Die beiden finden jeder eine Kiste mit Schokoladen-Talern und anderen Kleinigkeiten. Die Piraten waren erfolgreich. Opa und Oma entdecken noch einmal ihre kreativen Seiten.

Nebenbei beginne ich, kleine Geschichten zu schreiben. Als ich 80 Jahre alt werde, gehöre ich zu den »Hochbetagten«. Ich fühle mich nicht so. Aber ich akzeptiere, dass ich jetzt alt bin. Ich merke, dass viele Menschen mir sehr freundlich begegnen. Manchmal mache ich eine Geschichte daraus.

Hier zwei Beispiele:

Würdevoll

Eine junge Patientin und ich sitzen einen Augenblick allein im Wartezimmer des Hausarztes. Ich lese. Der Krimi ist langatmig. Die junge Frau blickt auf ihr Handy. »Darf ich sie mal stören«, fragt sie plötzlich. »Sie sehen so würdevoll aus.« Ich bin verwirrt. »Würdevoll?«, frage ich. »Oh, ich habe das ganz positiv gemeint«, sagt die junge Frau etwas verlegen.
»Danke«, sage ich und lächle.
Würdevoll? Ich denke immer wieder über diesen Begriff nach, der mir da zugeschrieben wurde. Zu Hause googele ich den Begriff. Würdevoll kann vieles bedeuten: »Abschied nehmen«, »Altern«, aber auch »Voller

Würde«, »Souveränität« oder »Mit Gelassenheit dem Tag und den Menschen begegnen«. Nun kann ich es mir aussuchen. Ich entscheide mich für »Mit Gelassenheit dem Tag und den Menschen begegnen«. Das ist auch mit fast 80 Jahren ein gutes Ziel.
Würdevoll also.

Nicht mehr – weniger

Weniger essen, weniger schlafen, weniger kaufen, weniger verreisen. Für Manfred ist das so. Für mich gilt, weniger schlafen, weniger essen. Ich kaufe. Bücher allemal. Manfred sortiert Bücher aus. Ich kaufe neu. Viele Regale stehen trotzdem leer. Manfred steht sinnend vor seinen Bücherregalen. Er greift einen Münzkatalog heraus. Vor Jahren hat er einmal Münzen gesammelt. Das ist längst vorbei. Das Buch kann aussortiert werden. Er öffnet es und findet eine Widmung. Zwei ehemalige junge Soldaten haben es ihm geschenkt. Er erinnert sich. Das waren zwei besondere engagierte Leutnants. Einer wollte Zahnmedizin studieren. In Zeiten von Internet ist es meist einfach, Menschen aufzuspüren. Er wird fündig. Es gibt eine Zahnarztpraxis. Er ruft an. Der ehemalige Leutnant hat die Praxis längst aufgegeben. Manfred bittet, Grüße auszurichten. Einige Tage später ein Anruf. Ich nehme den Anruf entgegen. »Der ehemalige Leutnant meldet sich zur Stelle!«, sagt eine muntere Stimme. »Da wird sich mein Mann freuen«, entgegne ich. Manfred führt ein längeres Gespräch. Er erfährt, dass es aus einem Hospiz geführt wird. »Er hoffe, Weihnachten noch mit der Familie zu erleben, ein letztes Mal«, sagt die Stimme am Telefon. Betroffenheit breitet sich zwischen Manfred und mir aus. Wir schweigen lange. Gedanken fließen durch den Raum. Das eigene Sterben, wann und wie wird es sein?

*****

Demenz
Meine Mutter ist an Demenz erkrankt. Sie ist mit 92 Jahren verstorben. Ich hätte ihr gewünscht, es wären ein paar Jahre weniger gewesen. Am Ende war von dieser tüchtigen Frau nur noch eine Fassade übrig. Ich habe den Eindruck, dass da trotzdem noch viel Leiden ist. Ich mache eine Fortbildung zum Umgang mit Demenz.

Hier ein Beispiel:
Frau S. läuft durch den Flur und ruft verzweifelt nach ihrer Mutter.
Die Altenpflegerin sagt vorwurfsvoll.
»Aber Frau S. Ihre Mutter ist doch schon lange tot.«
Besser wäre:
»Frau S. wie schön, dass wir uns gerade begegnen. Wir beide gehen jetzt ein kleines Stück spazieren, dann bringe ich sie in ihr Zimmer, ihr Zuhause.« Eine kleine

Berührung begleitet das Gespräch. Validieren nennt man das. Welche Gefühle stecken hinter dem Gesagten.

Nach Abschluss der Ausbildung biete ich einen Gesprächskreis für pflegende Angehörige an. Über den erkrankten Angehörigen, den Ehemann oder die Ehefrau zu reden ist für viele Menschen eine große Erleichterung. Der Gesprächskreis hilft auch mir. Mein Leben ist ausgefüllt. Die Ehe ist entspannt, es gibt viele Gemeinsamkeiten, trotz offensichtlich kontroverser Meinungen in gesellschaftspolitischen Bereichen.
Manfred nimmt sein Klavierspielen wieder auf. Er geht regelmäßig zu einem Klavierlehrer. Unsere Kinder wohnen weit entfernt. Treffen gibt es regelmäßig, aber die nächste Generation füllt unser Leben nicht aus. Sie hat ihr eigenes Leben.

Ich vertiefe das Schreiben. Die Schatzkiste, in der Briefe, Urkunden und vor allem der Stammbaum der Familie Gruber, von Tante Hilde geerbt, wird zur Fundgrube. Ich will ein Buch schreiben. Ich beginne mit Notizen und Recherche. Ich mache wieder Fortbildungen. Soll, will ich es wagen, ein Buch zu schreiben? Freundinnen machen mir Mut.

Jetzt soll, muss eine Reise nach St. Johann stattfinden. Ziele sind Salzburg und der Pongau im Salzburger Land. Salzburg überwältigt mich. Was für eine wunderbare Stadt. Wir bleiben fünf Tage. Weiter geht die Reise. Bald umgeben uns Berge. Grüne Täler, mal schmal, oft breiter. Kleine Orte tauchen auf und verschwinden wieder. St. Johann liegt in einem weiten Tal und begrüßt uns mit viel Sonnenschein. Wir kommen in einem kleinen Hotel unter. Wir fragen nach dem Katzlmoos-Gut. Die Wirtin zeigt auf ein paar Häuser weit oberhalb von St. Johann. »Da müssen's mindestens eine Stunde laufen.« Am nächsten Tag machen wir uns auf. Eine Stunde? Wir schnaufen, machen eine Rast. »Flachlandtiroler, brauchen halt länger«, sagt Manfred. Nach fast zwei Stunden erreichen wir unser Ziel. Vor der Tür steht eine Frau, die uns freundlich anlächelt. »Ist das hier das Katzlmoos-Gut?«, frage ich.

»Freilich«, sagt die Frau freundlich und bittet uns in ihr Haus. »Ja, das hat einmal den Grubers gehört«, sagt sie. Ist aber Anfang des 18. Jahrhunderts verkauft worden. Dann gab es mehrere Besitzer. Jetzt gehört es uns. Bis Anfang des 20. Jahrhunderts war es noch im alten Zustand erhalten. Meine Eltern haben dann abgerissen und neu gebaut. Das Holz war doch schon sehr morsch. »Warten's einen Moment.« Sie kommt bald mit Fotos zurück. Da ist es, das Haus meiner Vorfahren. Ein Kribbeln geht durch meinen Körper. Sehnsucht nach den Bergen hat mich ein Leben lang begleitet. Urlaube mit der Familie fanden mit wenigen Ausnahmen in den Alpen statt. Kann das hier der Ursprung sein? Aber sofort kommen auch Zweifel hoch. Diese Heimat ist zu weit entfernt. Hunderte von Jahren ist das her. Wenn ich nach meiner Heimat gefragt werde, sage ich stets: »Menschen sind meine Heimat.« Nicht das Salzburger Land, nicht Schloßberg in Ostpreußen, nicht Havighorst in Schleswig-Holstein, nicht der Niederrhein, nicht das Ruhrgebiet, nicht Schleswig-Holstein. Wir machen uns weiter auf die Suche nach dem Hof von Gertraudis in St.Veit. Wir finden ihn nicht. Erst viel später wird mir klar, dass wir ein Gut mit dem Namen von Gertrudis Stainerin gesucht haben. Das Gut gehörte ihrem verstorbenen Mann und wird deshalb auch seinen Namen, den Namen seiner Familie getragen haben. In Salzburg gibt es ein Archiv mit vielen alten Unterlagen und Dokumenten. Da findet eine Mitarbeiterin die Daten von Gertraudis. Sie sind in einer Schrift verfasst, die wir leider nicht entziffern können. Aber die Archivarin übersetzt. Geburts- und Heiratsdatum stimmen. In den Archiven lebt sie noch, die Gertraudis Stainerin.

Eine Reise nach Schloßberg in Ostpreußen ist nicht so leicht zu organisieren. Schloßberg, die Stadt, in der ich geboren wurde, heißt jetzt Dobrowolsk und liegt in Russland. Aber auch das schaffen wir. Manfred stammt aus dem Memelland. Das passt. Auch diese Reise wird geplant und sie wird stattfinden.

Am 21 Juni 2020 brechen sechs Menschen mit der KAUNAS im Hafen von Kiel auf. Richtung Fährhafen Memel. Angeschlossen haben sich Manfreds Schwester, ein befreundetes Ehepaar und eine Freundin, Bäuerin in Dithmarschen. Auf dem Schiff fließt der Wodka in Strömen. Aber unsere Gruppe hält sich zurück.

Das erste Ziel ist Willkischken. Manfreds Großeltern betrieben dort eine Meierei. Da steht es noch, dass große »Rote Haus«. Ein Storchenpaar hat sein Nest auf dem Haus. Sowohl das Storchennest als auch das Haus sind bewohnt. Wir finden freundlichen Einlass. Manfred besucht das Zimmer, in dem er geboren wurde. Tränen rinnen über seine Wangen. Weiter geht es durch das Memelland Richtung Schloßberg. Ödland und Störche begleiten uns. So müssen auch viele Salzburger das von der Pest entvölkerte Ostpreußen vorgefunden haben. Die mitreisende Dithmarscher Bäuerin ist entsetzt. »Das dauert Jahre, bis das wieder fruchtbares Land wird«, sagt sie. Unterwegs werden wir eingeladen von einem deutschen Ehepaar, das in Ostpreußen nach dem Krieg geblieben ist und überlebt hat. Auf Hof Lebedies leben Hertha und Heinrich wie vor 50 Jahren. Die Gastfreundschaft ist überwältigend. Schokoladentorte und eingelegte Stinte. Hertha singt »Sah´ ein Knab´ ein Röslein stehen«.

Wir stimmen mit ein. Meine Vergangenheit taucht auf. Oma Klara, Tante Annchen, Tante Lieschen, Tante Trudchen, Onkel Fritzchen, Onkel Nantchen werden lebendig, sitzen mit am Tisch.

Schloßberg wird zum Alptraum. Eine verfallene Stadt. Zwischen den Trümmern auf dem Marktplatz ein riesiges weißes Ehrenmal. Für die gefallenen russischen Soldaten wird erklärt. Menschen laufen hinter uns her.

Wollen etwas verkaufen, alte Straßenschilder, Blechbecher, zerfledderte deutsche Bücher. Gullydeckel fehlen, nur nicht hineinstolpern. Am schlimmsten ist das Wiedersehen mit dem ehemaligen Zuhause. Eines der ganz wenigen Häuser, die noch erhalten sind. Winzig erscheint der Laden. Lebensmittel werden da verkauft. Das war mein erstes Zuhause? Ich flüchte zum zweiten Mal. Nur fort hier.

Dieser Ort ist nicht meine Heimat. Aber Oma Klara, die Eltern und die vielen Onkel und Tanten, die Erinnerungen an alle diese Ostpreußen, das ist Heimat.
Der Entschluss, diese Geschichte aufzuschreiben, hat sich gefestigt. Ich beginne in Büchern und im Internet mit Recherche. So aufwendig habe ich mir das nicht vorgestellt. Aber ich beginne zu schreiben.

Gertraudis Stainerin, die Bäuerin, meine Urururahnin, die mir meinen zweiten Namen Gertraud vermacht hat, soll die erste sein.

*****

Jette Gruber geb. 1965

Ich sitze vor der Akademie Sankelmark auf einer Bank und warte auf meine Nichte Jette. Das Seminar über Familienforschung war nicht so ergiebig, wie ich es mir erhofft hatte. Da saßen überwiegend alte, ein paar junge Männer und wenige Frauen. Es ging um Familienforschung in Ost- und Westpreußen. Die Genealogen suchen in Archiven, die über viele Orte und Länder verteilt sind, nach Daten und Fakten über ihre Familien. Heute ist zwar schon manches über das Internet möglich, aber der Weg und die Suche im Internet scheint mir schwieriger zu sein, als die Reise in das jeweilige Land und Archiv. Darüber, wie die Menschen, vor allem Frauen, im Laufe der Jahrhunderte gelebt haben, wird nicht gesprochen. Aber das brauche ich für mein Buch. Ich nehme ein paar Brocken mit. Immerhin! Auch Visitenkarten sind in meiner Tasche. Da werde ich noch Kontakt aufnehmen. Die Teilnehmer sind mit wenigen Ausnahmen Mitglieder des **Vffow,** so nennt sich der Verein für Familienforschung Ost- und Westpreußen.

Ich bin eine der ganz wenigen Ausnahmen, kein Mitglied, also ein bunter Vogel. Ich stellte Fragen nach Unterhosen und Menstruation. »Da lief das Blut der Frauen eben an den Beinen herunter«. Auch hier scheint mir, wird Unwissenheit und Desinteresse am Leben der Frauen spürbar. Über Jahrhunderte orientierte sich die

Medizin an den Krankheiten und Beschwernissen der
Männer. Langsam erst setzen Bewusstsein und Forschung darüber ein, dass der Körper von Frauen und
ihre Krankheiten oft ganz andere Verläufe haben. Frau-
en waren offensichtlich schon immer kreative Wesen
und wussten sich zu helfen, fanden Lösungen. Im Internet bei Wikipedia finde ich am nächsten Tag viele
Seiten über Menstruation, die bis in die Zeit der Ägyp-
ter reichen.

Ich warte derweil auf Jette. Zwei andere Frauen warten
mit mir. Ihr Auto springt nicht an. Wir wetten, wer
wohl eher erscheint, der ADAC oder die Nichte. Die
Nichte gewinnt mit knappem Vorsprung.
Jette fährt mit mir in ihr Haus, das nur zehn Kilometer
entfernt von der Akademie liegt. Schon auf der Fahrt
ist unser Gespräch entspannt. Wir haben uns längere
Zeit nicht gesehen. Das Wiedersehen ist herzlich. Erst
einmal sind wir allein. Ich nehme Platz am Tisch in der
Wohnküche. Zimtschnecken werden in den Backofen
geschoben, Wunschtee wird aufgebrüht. Der Tisch, an
den wir uns setzen, ist rechteckig, die Stühle bequem,
der Blick geht in den winterlichen Garten.

Jette ist die letzte und jüngste der Gruber-Frauen. Ich
würde sie gern in mein Buch »Die Frauen der
Grubers«, das im 17. Jahrhundert beginnt, aufnehmen.
Jette ist offen für meinen Wunsch. Das macht alles
leicht und locker. Der gerade vom Studium heimge-

kehrte Sohn schaut sich ein Handball-Spiel an. Ihr Mann ist mit dem Hund unterwegs. So sind wir erst einmal ungestört.

Jette ist die Tochter meines Bruders Udo. Ich bin also ihre Tante. Jettes Vater und ihre Mutter heirateten nach Beendigung seines Studiums und trennten sich nach sieben Jahren Ehe. In diesen Jahren wurden Tochter Jette und danach ein Sohn geboren. Nach der Scheidung ging jeder Kontakt zwischen dem Vater auf der einen Seite und Jettes Mutter Heike mit ihren beiden Kinder auf der anderen Seite verloren. Die Scheidung von Jettes Eltern lief wohl in einer Art Rosenkrieg ab. Die Mutter wurde schuldig geschieden.
Wie heilsam, dass im Jahr 1977 das Schuldprinzip abgeschafft wurde. Ich kenne den Grund für diesen Schuldspruch nicht. Aber ich kenne die Einstellung vieler Männer in dieser Zeit durch meine Arbeit. In der Erwachsenenbildung durch Supervision und Lehrsupervision habe ich sie kennengelernt. Die Mutter zweier kleiner Kinder hatte damit keinen Anspruch auf Unterhalt. Der Vater zahlt nur für die Kinder. Das Geld wird knapp. Jettes Mutter musste sich eine Arbeit suchen. Auch das Geld für den Kindesunterhalt zahlt der Vater unregelmäßig.

Auch ich wurde schuldig geschieden. Aber ich war damals gerade mit meinem Studium fertig und hatte eine feste Anstellung. Trotzdem zahlte der Ehemann für mich noch ein Jahr Überbrückungsunterhalt. Ich verzichtete auf vieles andere. Das gemeinsame Haus blieb bei ihm.

Jette spricht zögernd und manchmal stockend, über die Jahre mit ihrem Vater. Jette mag Hunde. Sie zeigt mir ein Foto, auf dem sie wohl vier Jahre alt ist. Sie kuschelt sich mit einem flauschigen Hund auf dem Teppich in der Wohnung. Der Hund wird Schnaps getauft. Der Vater hat ihn ihr geschenkt. Die Mutter ist mit dem zweiten Kind schwanger und fürchtet, dass durch den Hund Krankheiten in die Wohnung getragen werden könnten. Schnaps muss nach nur fünf Wochen gehen. In meinem Kopf tauchen Bilder von meinem Bruder Udo auf, wie er trinkt und raucht.
Manchmal fragt Jette sich, ob seitdem ein Hund für sie unbedingt zur Familie gehören muss.

Ich höre weiter zu.

Die kleine Familie zieht in eine größere Wohnung. Der Bruder wird geboren. Das bringt Unruhe. Keine leichte Zeit für das Ehepaar. Die Schwierigkeiten miteinander nehmen zu. Die kleine Jette wird mit hineingezogen. Manchmal verprügelt der Vater sie. Wohl, um Dampf abzulassen. Jette erzählt weiter von in ihrem Gedächtnis verankerten Geschehnissen in ihrer damaligen Familie. Abends gingen die Eltern oft aus. Sie blieb dann allein in der Wohnung zurück. Sie hatte Angst, konnte nicht einschlafen. Auch nach der Geburt des Bruders ließen die Eltern beide Kinder allein in der Wohnung. Der kleine Bruder in Jettes Obhut. Wenn er zu schreien beginnt, versucht das kleine Mädchen, den Bruder zu beruhigen. Meist gelingt ihr das. Aber an diesem einen Abend schreit er so, dass Jette in Panik gerät. Sie greift zum Telefon. Wählt eine falsche Nummer. Eine fremde Männerstimme meldet sich. Jette schildert ihre Angst um den Bruder. »Ich komme zu Euch, setze mich vor Eure Tür. Wir können miteinander reden.«, beruhigt der Mann. Sie gibt ihm die Adresse. Tatsächlich erscheint der Fremde, setzt sich vor die Tür. Die beiden reden miteinander. Nicht nur Jette, auch der Bruder beruhigen sich. War die Tür von innen und außen abgeschlossen? Was war das für ein Mann? Ein Engel? Ein Teufel? Der Mann bleibt vor der geschlossenen Tür sitzen, wartet aber nicht, bis die Eltern nach Hause kommen. Folgen für Jette gibt es offensichtlich nicht. Die Eltern nehmen es gelassen.

Auch ich und mein erster Mann lassen unsere beiden Jungen manchmal am Abend allein in der Wohnung. Immerhin hat die Nachbarin den Schlüssel. Trotzdem finden die Eltern in einer Nacht die beiden Jungen schlafend innen vor der Wohnungstür.

Jette erinnert sich auch, dass der Vater sich einmal im Badezimmer einschloss und mit Selbstmord drohte. Das kleine Mädchen stellte sich vor die Tür und ver-

sprach, das Taschengeld zurückzugeben. Aber im Badezimmer rauschte das Wasser in die Badewanne. »Was für ein Alptraum«, denke ich.
Am Sonntag ging der Vater zum Frühschoppen in die benachbarte Kneipe. Einmal nahm er seine kleine niedliche Tochter mit. Ich frage mich, ohne es auszusprechen, ob das eine gute Erinnerung ist?

Das Gespräch zwischen Jette und mir wird unterbrochen als Robert, Jettes Mann, nach Hause kommt. Er bringt Lotta, einen grau-weißen, lockigen Hund mit. Jette hat mich gewarnt, dass der Hund mich anspringen würde. Aber ich habe keine Angst. Robert umarmt mich herzlich. Auch ihn habe ich lange nicht gesehen. Was für ein ruhiger, besonnener, herzlicher Mann, denke ich. Er hat, wie Jette, Jura studiert, ist jetzt Professor für Jura.

Jette erinnert sich an eine weitere Geschichte. Eines Nachts wachte sie nach einem schlechten Traum auf und schlich zum Bett der Eltern, fragte leise: »Kann ich bei Euch schlafen?« Der Vater holt daraufhin einen Kochlöffel. Es fällt mir schwer, diese Erinnerung und ihren weiteren Verlauf zu schildern. In mir gibt es eine Bremse. Das Gespräch zwischen Jette und mir geht weiter und nach einiger Zeit setzt sich Robert dazu.

Funkstille: Der Kontakt zwischen dem Vater Udo Gruber und den Großeltern Kurt und Erna Gruber und Mutter Heike mit den Kindern Jette und dem kleinen Bruder Jens endet abrupt. Der Vater sieht seine Kinder nicht wieder. Die Kinder sehen ihren Vater nicht mehr. Jeder Kontakt unterbleibt. Man beschuldigt sich gegenseitig. Die Großeltern vermuten, dass Heikes Sohn Jens nicht vom Ehemann Udo ist. Sie leiden darunter, dass sie die Kinder nicht mehr sehen können. Vater Udo frisst alles in sich hinein. Er äußert sich nicht. Ich halte mich damals raus. Mutter Heike erzählt ihren Kindern, dass sie bei den Großeltern und dem Vater nicht mehr erwünscht seien. Als Jette zehn Jahre alt ist, heiratet die Mutter zum zweiten Mal. Auch Udo wird erneut heiraten. Eine Frau, die eine Tochter mit in die Ehe bringt. Mein Bruder reagiert auf mich nur noch aggressiv. So gibt es auch für mich nur einen sehr spärlichen Kontakt mit ihm.

Die Jahre gehen dahin. Jette besucht nach der Grundschule ein Gymnasium. Als sie 15 Jahre alt ist, ruft Vater Udo an und bittet um ein Gespräch. Jette fragt, ob er auch den Bruder sprechen möchte. Der hat gerade an diesem Tag Geburtstag. Er antwortet, dass er das nicht will. Er möchte auch nicht erklären warum. Wieder folgt jahrelange Funkstille. Mit 18 Jahren macht Jette ihr Abitur und beschließt, Jura zu studieren. Diesmal fragt die Großmutter, warum sie denn studieren wolle. Das sei doch für ein Mädchen nicht nötig. Jette geht nach Konstanz. Der neue Vater hat Jette und ihren Bruder irgendwann adoptiert. Der Unterhalt, den Jette von den Eltern bekommt, ist spärlich. Vater Udo, der, wenn überhaupt, nur sehr unregelmäßig zahlte, braucht nun nicht mehr zu lügen und falsche Angaben zu machen. Jette muss zeitweise von 300 DM leben. Das ist unmöglich. Sie verdingt sich als Werksstudentin bei AEG. Ein Jurastudium ist ein sehr arbeitsintensives Studium. So zieht sich ihr Studium in die Länge. Als sie 22 Jahre alt ist, erwägt sie, den Vater kennenzulernen. Er lebt in Bad Homburg. Sie würde ihn gern einmal besuchen. Sie erzählt der Mutter davon. Die Stimme der Mutter wird laut und lauter. Sie mahnt vor diesem und jenem. Sie ist strikt dagegen. Jette verzichtet auf den Besuch.

Udo stirbt früh. Die Tochter und der Sohn erfahren erst ein halbes Jahr nach seinem Tod davon. Mein Bruder fällt nach einem Hirnschlag ins Koma. Ich besuche ihn auf der Intensivstation. Bleibe eine Stunde. Ich streichle ihn sanft und rede mit ihm. Vielleicht hat er meine versöhnlichen Worte ja gehört. Zu diesem Zeitpunkt weiß ich nicht, wo seine Kinder leben.

Mein Kontakt zu Jette, ihrem Mann und Sohn kommt durch Mutter Heike zustande. Mutter Heike hat Kontakt zu meinem geschiedenen Mann aufgenommen. Er ist der Patenonkel von Jette. Es gab einen Sparvertrag für sein Patenkind. Das Geld ist verschwunden. Wo es geblieben ist, hat die Vergangenheit geschluckt. Aber ich erhalte so die Adresse von Jette. Sie wohnt auch in Schleswig-Holstein. Ich nehme sofort Kontakt auf. Sie erinnert mich an meine geliebte Großmutter Klara. Meine Mutter ist gerade gestorben und ich habe ihren Schmuck geerbt. Spontan schenke ich Jette einen Teil davon. Da meine Eltern sehr sparsame Ostpreußen waren, ist das kein Vermögen. Ich möchte, dass sie ein Andenken an ihre Großeltern hat.

Der Kontakt bleibt erhalten. Es gibt Treffen hier und da. Wir laden zu einem Familienfest auf Gut Panker ein. Wir lernen uns alle wieder besser kennen.

Ich besuche Mutter Heike in ihrem Haus in Ost-Westfalen. Bewundere ihre Kunstwerke, Skulpturen, die sich in Haus und Garten verteilen. Ein schönes zu Hause und ein gutes Wochenende. So geht das einige Jahre. Durch einen dummen Zwist, den mein Mann auslöst, wird der Kontakt seltener. Meine Gedanken an Jette aber bleiben. Auch sie hat sich in meinem Kopf niedergelassen.

Intermezzo

Während wir miteinander reden und Jette ihre Vergangenheit lebendig werden lässt, klingelt das Telefon. Jette schaut auf die Nummer. Es ist Mutter Heike. Sie geht nicht ran.
Mutter Heike hat offensichtlich einen Drang zur Dramatik. Sie versuchte lange, ihre Tochter in Abhängigkeit zu halten. Kann nicht loslassen. Bevormundungen, gute Ratschläge, Klagen, Vorwürfe, Mahnungen, bestimmen das Verhältnis zwischen Mutter und Tochter. Jette erzählt, dass der Prozess ihrer Ablösung von der Mutter sich sehr viele Jahre hinzog. Wenn es Gespräche gibt,

versucht sie sachlich und oberflächlich zu bleiben. Möglichst keine Emotionen. Vorwürfe lässt sie in der Luft zerplatzen, bevor sie bei ihr landen können.

Robert und Jette erzählen dann gemeinsam die Geschichte ihres Kennenlernens. Keine Liebe auf den ersten Blick. Irgendwann hat Jette Robert und Albert kennengelernt. Zwei Referendare der Jurisprudenz. Albert ist ein Draufgänger, Robert eher ein zurückhaltender Mann. Es entwickelt sich zwischen den Dreien eine gute freundschaftliche Beziehung. Alle drei Monate hat Albert eine neue Freundin. Irgendwann versucht er es auch bei Jette. Um ihn loszuwerden, sagt sie den leichtsinnigen Satz: »Da gefällt mir schon eher Robert.« Natürlich erfährt Robert umgehend davon. Beim nächsten Wiedersehen teilt er Jette mit, dass er sie möge, verliebt sei er aber nicht. Trotzdem werden sie ein Paar und ziehen irgendwann zusammen. Jette will einen Hund. Robert will keinen. Sie gibt keine Ruhe. Er macht dann Jettes bestandenes erstes Staatsexamen zur Vorbedingung für den Hund.

Im Jahr 1995 besteht Jette die Prüfung zum ersten Staatsexamen. Der Hund wird das erste gemeinsame Familienmitglied. Das Referendariat kostet Kraft. Wieder zieht sich die Zeit dahin. Mit Freunden finden Gespräche darüber statt, was denn ein Grund für eine Heirat sein könnte. Die beiden Paare sind sich einig, dass ein Kind auf jeden Fall ein Grund wäre. Auch eine gemeinsame Hochzeit wäre doch schön. Fröhlich und leicht müsste sie sein. Erst einmal ist alles rein theoretisch. Aber irgendwann kündigt sich ein Kind bei dem anderen Paar an. Eine gemeinsame Hochzeit? Warum nicht. Auch zwischen Jette und Robert hat sich die Beziehung gefestigt. Eine Liebe auf den zweiten Blick, die sich durch das Zusammenleben entwickelt hat. Ich denke: Bestimmt besser als »lichterloh zu brennen« und alles aufs Spiel zu setzen.

1996 hat Jette auch ihr 2. Staatsexamen bestanden. Die gemeinsame Hochzeit wird geplant. Jedes Paar soll 3000 DM einbringen. Jette beginnt wieder zu träumen. Sie wünscht sich eine regional bekannte Band für die Hochzeit. Der Kontakt zu dem bekannten Musiker fehlt und auch finanziell wäre das wohl nicht möglich. Aber was Jette will, das will sie. Sie findet den nötigen Kontakt.

Die Band wird spielen. Sie kostet 3000 DM. Robert und die Freunde sind einverstanden. So werden die eingeladenen Gäste gebeten, zum Büffet etwas beizutragen. Die Fleischplatten und die Getränke sind im restlichen Etat noch enthalten. Die Gäste bringen viel Köstliches mit. Es wird eine Party mit guter Musik. Dass es draußen regnet, stört nicht wirklich. Den traditionellen Walzer wollen beide Paare nicht. So beginnt der Tanz mit einem Foxtrott. Jette erzählt, dass er nicht aufzuhören schien. Sie tanzen, tanzen bis zur Erschöpfung. Was für eine wunderbare Eröffnung eines Hochzeitsfestes. Jette sagt: »Ich war in Schweiß gebadet.« Die Hochzeit wird ein großer Erfolg. Die Band spielt weit über die vereinbarte Zeit hinaus. Jette hat nun den Mann, den Hund und hatte die Band für die Hochzeit. Ihr Kommentar: »Wenn ich etwas wirklich will, erreiche ich es meist auch.«

Sie bleiben zunächst in Konstanz wohnen. Die beiden Paare scheinen unzertrennlich. Dann bekommt Robert einen Ruf nach Norddeutschland. Der Umzug fällt schwer. Der Norden, kalt, regnerisch, rau, die Menschen zurückhaltend, ernst. Jette kann sich das nicht vorstellen. In unserem Gespräch wird deutlich, dass der Wunsch, in Konstanz zu leben, immer noch lebendig ist. Er scheint unerfüllbar. Wohnungen, Häuser am Bodensee sind unbezahlbar. Der Sohn studiert im Süden, in Tübingen. Er wollte gerne im Süden studieren. Es wurde Tübingen. Die Stadt gefällt ihm. Aber er ist in Schleswig-Holstein aufgewachsen. Da hat sich sein Gefühl für Heimat entwickelt. Wird er zurückkehren? Mutters Sehnsucht nach Konstanz dagegen ist beharrlich. Mir scheint, die drei Menschen leben in Harmonie miteinander. Hier klappt meine Vorstellung von Ehe. Es scheint auch ohne lodernden Brand, wie er bei mir ausbrach, zu gehen.

Jette fährt immer wieder nach Konstanz. Sie besucht die Freunde. Sie hat ihren Beruf als Rechtsanwältin, er hat seine Professur, er fährt mit dem Bruder einmal im Jahr in Urlaub. Es gibt eigene und gemeinsame Freunde, gemeinsame und eigene Interessen und es gibt den

Sohn. Eine weiche, freundliche Stimmung erfüllt den Raum, in dem wir sitzen. Das Ehepaar bringt mich zum Bahnhof. Robert trägt meinen Koffer in den Waggon. Froh fahre ich nach Hause. Mir scheint, bei der jüngsten und letzten der Gruber Frauen ist die Welt in Ordnung. Nach diesen Kindheitserlebnissen kommt mir das fast wie ein Wunder vor. Ich freue mich.

*****

Epilog

»Du bist eine richtige Gruber.« Ein Satz, der mich in Kindheit und Jugend begleitet hat. Eine richtige Gruber? Was macht eine richtige Gruber aus? Sind es meine roten Haare, vom Großvater geerbt, ist es das lange schmale Gesicht mit den Geheimratsecken und dem schmalen Kinn? Oder sind es eher die Eigenschaften, die die preußischen Männer an ihre Kinder weitergaben? Strenge, Ehrlichkeit, Pünktlichkeit und Fleiß? Meine Beziehung zu meiner Kirche, der evangelischen Kirche, ist zwiespältig. Ich habe in meiner Arbeit beides erlebt. Glaubenstreue und ihren Glauben lebende Pastoren und Pastorinnen. Aber ich habe auch Falschheit und Verlogenheit kennengelernt. Vermisst habe ich immer die fröhliche Gemeinschaft, in der meine Vorfahren die Kirche lebten. Einzig in Uckerath im Rheinland und in einem Gesprächskreis mit einem Propst fand ich, was ich suchte. Zuwendigen Umgang miteinander. Offenheit und Ehrlichkeit mit Zweifeln und Glauben. Ich stehe am Ende meines Lebens. Wenn ich am Grab meiner Eltern stehe, stelle ich sie mir auf einem fernen Stern im Universum vor. Ein schöner Gedanke. Mehr nicht.

Mit großer Freude habe ich an diesem Buch gearbeitet. Ich danke meinen Buch-Weggefährt*innen Alexandra Brosowski, Gisela Rinck und Michael Ermel ganz herzlich.

So spricht Ostpreußen

Ambarstig   gewaltig (das Ausmaß bezeichnend)
                     Ringer und Boxer auf Rummelplätzen
                     bei Frauen ambarstiger Busen

**Ausgeleckte
Kehle**   Säuferkehle, gewisse Herablassung
                     »der kippt alles runer«

Ausbaldowern Auskundschaften
                     »der wird das schon ausbaldowern«

Ausgedinge   Altenteil

Bagasch   auch für unerwünschte Verwandtschaft

Barbutz   Friseur, ehem Rasierer

Begrapschen   alles anfassen

beschettern   sich krümmen vor Lachen

Betudeln   in Watte packen (Kleinkinder)

Bowke   Straßenjunge, auch Marjell

Brassel   »Pack den Brassel zusammen«
                     Gelumpe

Deiwil   Teufel

jott Wee Dee	außerhalb Wohnen
Dingslamdei	fällt mir nicht ein
Dittchen	Zehnpfennigstück
dreibastig Pomuckelkopp!	vorlaut, keck dreibastiger
druschlich	klein, dicklich eine druschlige Marjell
dwatsch	dumm, dämlich Dwatschkopp, Dämlack
Fijuchen	dem Vergnügen nachjagen
Flunsch	einem passt etwas nicht
glupsch	unfreundlich »Was glupscht denn?«
Gniefke	Geizhals
Kaddig	Wacholderbeeren, sehr beliebt als Gewürz zu Sauerkraut, Wruken, Schmorkohl für Wild und zu Bratensoßen Kaddigzweige wurden zum Schmackostern gebraucht

Kalabräser	Hut mit einer sehr breiten Krempe. Wurden oft von Gutsherren getragen, wenn sie in ihrem Landauer ausfuhren.
Kanthaken	einen beim Kanthaken nehmen, ihn beim Schlafittchen packen, ihn beim Kragen fassen oder ihn in die Ecke stellen
Keilchen	waren für die Ostpreußen, was für die Bayern die Knödel sind.
Klabastrig	wackelig, zerbrechlich, wird auch von alten, anfälligen Menschen gesagt
Klumpatsch	ein Tollpatsch, ein ungeschickter Mensch
Kodder	Lappen »Es geht mir koddrig« Es geht mir schlecht
Kölmer	freier Bauer
Kriggelkraggel	unleserliche Schrift
Kruppzeug	gebraucht für die sozial unterste Schicht, zuweilen auch für ungezogene Kinder

lackmeiern	an der Nase herumführen
Lorbass	Junge im Gegensatz zu Marjell auch als Schimpfwort gebraucht
Lutschpungel	Schnuller
Madamche	besonders auf dem Markt oder in kleinen Läden gebraucht
nusch nich	gar nichts
obsternatsch	Widerspenstig
Paslak	ein Mensch der ausgenutzt wird, der für andere die Arbeit verichten muss
Patscheimer	Wassereimer, Abfallbehälter
Piesacken	quälen, sprichwörtlich: »Er wird vom Deiwel gepiesackt« – er hat den Teufel im Leib
plachandern	sich herumtreiben, überall hängen bleiben, und die Neuigkeiten aus der nächsten Umgebung weiter erzählen
Plinsen	weinen
Plustrig	aufgeblasen, wie ein Truthahn

Rumaasen   vergeuden

Rumschwadonieren überall die Nase hineinstecken,
sich um alles kümmern, was ei
nen nichts angeht; überall zuge
gen sein, wo man nichts verloren
hat.

Ruscheldups   jemand, der nicht stillsitzen kann

Scharwerker   nannte man die ungelernten
Landarbeiter, die von Hof zu
Hof zogen, gewissermaßen
Aushilfskräfte, wenn viel Arbeit
anfiel.

Schlunzig   schlampig

Schwoofen   tanzen

Sinnieren   nachdenken

Spendierbuxen   die Spendierbuxen anhaben,
einmal sehr freigiebig sein

Spirkel (Spirgel)   Halb ausgebratener Speck. Viele
Gerichte bekamen etwas »über
gebraten«. Sie wurden mit Spir
keln und Zwiebelwürfeln über-
gossen

Suckeln	Lutschen, meist für Kind an der Mutterbrust gebraucht
Tulpche Bier	ein Glas Bier

verbiestern — sich verirren, sich verlaufen, keinen Rückweg finden. Auch im übertragenen Sinne: Somit habe ich ihn verbiestert?

Verloddert — verkommen, vor allem auf die Kleidung bezogen.
»Du Lodderjan!«

Verlöten — Dir einen hinter die Binde gießen, Einen über den Durst trinken

Verpimpeln — anderes Wort für verwöhnen, das Gegenteil etwa von abhärten, sich zu warm anziehen

Vertellchens — An frühen Winterabenden wurde besonders von Großmüttern viel erzählt. Solch mündlich überlieferte Geschichten wurden »Vertellchens« genannt.

Wrukensuppe — Zubereitet aus Steckrüben, mit Schweine-, Rind- oder auch Hammelfleisch gekocht, hinzugegeben werden Zucker, Salz und Majoran, mit Schmand abgeschmeckt

Wurachen	hartes körperliches Arbeiten, be sonders die Arbeit der Waschfrauen, die an Flüssen auf Rubbelbrettern die Wäsche mit der Hand wuschen
Zagel	Schwanz, »Kommst äwrem Hund, kommst kommst okäwrem Zoagel«

*****

Literaturverzeichnis

Moser, Gerhard
Das Stadtbuch St. Johann/PG
2005

Reformation, Emigration, Protestanten in Salzburg
Ausstellung 21. Mai - 25. Oktober 1981
Schloß Goldegg-Pongau
Land Salzburg

Geschichte der Salzburger Protestanten und ihrer Emigration 1731/1732

Helmut Gallisch
Aus dem Leben eines Müllers

Die Salzburger in Ostpreußen
Von ihrer Austreibung und Aufnahme in Preußen

Halt´ aus Bauer
Erika Scherer, Franz Steinkogler, Horst Kirchtag
Goldegg 2012, Band 1

Halt´aus Bauer
Erika Scherer, Franz Steinkohle, Horst Kirchtag
Goldegg 2014, Band 2

Zur Aktualität Preußens

VdH Verband der Heimatvertriebenen Kreis Kiel e.V.

Edgar Günther Lass
Die Flucht - Ostpreußen 1944/1945

Marianne Kopp
Die Salzburger Exulanten - Agnes Michels Vorfahren
2022 Agnes-Miegel-Gesellschaft e.V. Bad Nenndorf
Georg Hermanowski
Ostpreußen Lexikon
für alle, die Ostpreußen lieben

Faustskizze
von
Wertimlauken,
Schilleningken
u. Umgebung
Stadt Pillkallen
Chaussee nach Pillkallen
Halfe
illening
ken
Schilleningken
Friedhof auf dem meine
Großeltern begraben sind
Hof, den Carl Gruber kaufte
Landstraße (Chaussee) nach Stallupönen
10 km
Wäldchen mit Bruch sog. „Fichten"
Teich
Gruberscher Stammhof
Hof Wunderlich
Wertimlauken, (im Volksmund „Kischinn" genannt)
hwirgallen
Station